新潮文庫

山は輝いていた

登る表現者たち十三人の断章

神長幹雄編

新潮社版

11784

目次

第五章　山の魔力に憑かれて

山は輝いていた

登る表現者たち十三人の断章

はじめに

　富士山にご来光《らいこう》を求めて登る人たちは多い。まだ暗いうちからヘッドライトを頼りに、石と砂ばかりの決して歩きやすいとは言えない登山道を、息を切らして歩くのである。夏のハイシーズンには、そんな登山客でごった返し、〝観光地〟と揶揄《やゆ》されることもあるが、それでも苦労して登った末に得られる喜びは、何ものにも代えがたい。

　やっとのことで到着した山頂はまだ暗闇《くらやみ》の中。うなりを上げる頂上小屋の発電機と興奮した登山者のざわめきで、静謐《せいひつ》には程遠いが、それでも周囲が薄明りを帯びてくると、人々は次第に言葉を失ってゆく。そして、みんなが東の空の一点をじっと見つめる中、オレンジ色の光彩がポッと現れると、あたりに一瞬の沈黙が訪れる。この上ない神々《こうごう》しさに、会話をかわすことも憚《はばか》られる。満ち溢《あふ》れんばかりの光の渦に心が震えるほどの感動を覚えた人も多いことだろう。

　しかし、私たちはここでもう一つのことに気づかなければならない。ご来光を浴びているときの山や登山者自身もまた、みごとに照らし出され輝いているということに。

約四〇年前の一九八〇年代は、そんな〝光〟に高揚感を覚えたものだった。経済的な豊かさは、ともすれば享楽《きょうらく》に走りがちな社会を生み出したが、一方で山は過激だった。特にヒマラヤの高所登山は「激しく、熱い」時代に入っていた。登山用具の進化は技術を押し上げたが、それを支えたのはとりもなおさず、クライマーたちの熱い思いだった。無酸素、少人数のアルパイン・スタイル、バリエーション・ルートからの登頂、そして冬季登頂。八〇年代のヒマラヤの登山シーンは激しく躍動していた。「より高く、より厳しく」を求めるアルピニズムそのものが具現化された時代であった。

こうしたクライマーたちの動きは文章表現の世界にも及んだ。インターネットの登場が想像すらできなかった昭和の頃、生死の間隙《かんげき》を縫って山に挑む彼らは心のうちで思索を深めては、文字にしたためた。また、それらは他の登山者たちにも影響を及ぼし、時に文学へと昇華した。登山表現の裾野《すその》の広がりは当時の出版点数にも表われていた。専門出版社に限らず、さまざまな版元から、毎月のように山の新刊本が出版され、まさに山が輝いていた時代だった。

本書は、こうした山にかんする表現が最も隆盛をきわめた一九八〇年代を中心に、前後一〇年、当時、発表されて話題を呼んだ書籍、寄稿を再編集し、アンソロジーとしてまとめたものである。話題性も含め、作品としての完成度が高いものばかりを集めたつもりだ。筆者の代表作と言うべき作品も多い。

また長年にわたって山岳図書にかかわってきた編者は、そうした筆者の多くの方たちと直接交流する機会に恵まれた。なかには直接、編集に携わった作品もある。各作品に添える解説には彼らが執筆に込めた思いや、その素顔にも触れていきたい。

本書は五つの章からなる。すでに目次をご覧いただいた方はお気づきかもしれないが、章が進むにつれ、舞台となる山の標高や厳しさが増していく構成になっている。

第一章は山の花々で連作を著わした脚本家田中澄江と、山岳信仰の視点で日本の山を考察した作家立松和平の作品だ。小さな花や信仰の視点で彼らが描く山には、もっとも身近な山の愉《たの》しみ方とともに、優れた書き手ならではの含蓄《がんちく》と味わいがある。

第二章は、山にいざなわれ、その山麓《さんろく》を彷徨《ほうこう》する表現者の視線をたどってみた。山の文学の真髄は紀行にあると言われるだけに、山の情景が見事に浮かび上がる作品を選んだ。うち二作は一九五八年に串田孫一らによって創刊された山の文芸誌「アルプ」から誕生した作品だ。串田本人と、当時最も若い筆者として健筆を揮《ふる》った山口耀久が描くみずみずしい景色には、時を経ても決して色褪《いろあ》せない文章の力を感じてもらえるだろう。

第三章はやや変則かもしれないが、山岳文学の金字塔として今なおファンが絶えない『日本百名山』の筆者、深田久弥をよく知る二人による深田の評伝と追悼文だ。日本の山を語りつくす不朽の名作だが、深田本人のことを知る人は意外に少ない。その感性と情熱の淵源《えんげん》を理解すれば、「百名山」も新たな読み方が出来るだろう。

第四章からは、いよいよ極限の世界だ。八〇年代のクライミングシーンを牽引《けんいん》した二人のトップクライマーと、彼らの地平を押し広げたヨーロッパ・アルプスの紹介者が描く光景は、たしかに遠い世界の話かもしれないが、彼らが全身から発する高揚感からは、険しさの中に仕組まれた岩壁登攀《がんぺきとうはん》の楽しさを知ることができるはずだ。

そして第五章に紹介する三人の登山家たち。うち二人は志半ば、若くして山に逝ってしまったが、死と隣り合わせの空間に極限の生を見出《みいだ》す彼らの姿は、人間が山に向かう意味と、人間が生きることの理由を厳しく問いかけてくる。

全一三篇、ここに選んだ作品はいずれも読み返せば、筆者たちが歩んだ山々とともに、彼ら自身が強烈な光を発していることに気付いていただけるであろう。その光を受けて読者諸氏のうちにある山への思いが照らし出されれば、編者としてこの上ない喜びである。

さあ、輝ける山の世界へ――。

神長幹雄

第一章　山の薫りを訪ねて

高尾山・フクジュソウ

田中澄江

田中澄江（たなかすみえ・一九〇八〜二〇〇〇）
東京生まれ。脚本家、作家。東京女子高等師範学校（現・お茶の水女子大学）国文科卒。学生時代から創作を始め、戦後は『我が家は楽し』、『少年期』、『めし』等の映画脚本で評価され、以降も数々の映画、テレビ脚本を手掛ける。登山好きが高じ、一九六七年に女性だけの山歩き同好会「高水会」を創設、主宰を務める。

山々には出あいがあった。いつの山にも、どこの山にも。しかし、小学校五年の秋の遠足に、はじめて武州高尾山の頂きに立って、すぐ眼の前にそそり立つ富士山を見仰いだときほど、大きなよろこびにひたされたことはない。

（おとうさん）

私は小学校一年の夏に死んだ父の面影を、紫紺の山肌の上に描いて、胸に父を呼び、滂沱《ぼうだ》として溢《あふ》れる涙を拭《ぬぐ》いもやらず、ススキの茂みの中に立ちつくした。

生まれた家は、日本橋から八キロの、中仙道の宿駅の町にあり、富士は武蔵野の林の果てに、遠く小さく見えた。父は亡《な》くなる前の一日、私と、町外れの小川のほとりを歩いて、自分が以前に登った富士を指さして言った。

——お前もいまに登りなさい。

新らしく事業を起しかけたままで世を去った父のあとは、巨額の借金の返済に追われ、大きな家を他人に貸して小さな家に移り、子供ごころに冷たい世間の風を知って、父さえ生きていてくれたらばと、口惜《くや》しかったり悲しかったりしたことは数えきれなかった。

父は富士山にいて、私が高尾山の頂きまで来て、父にあうのを待っていた。

(おとうさんは山にいる)

その思いを胸において、私は山を歩きつづけていった。

武州高尾山は、秩父山地の東端が、相模川の谷にむかって、幾うねりかの山なみを重ねてなだれ落ちるその一つの頂きをつくっている。標高は六百メートル。歩いて登れば二時間である。

いまはもう、東京都の公園のようになっていて、バスで麓《ふもと》にゆき、麓からケーブルで、頂き近い薬王院のあるところについて、大人も子供も、上野の山よりは少し高い位にしか思わないかもしれないけれど、たった二時間、ゆっくり登って三時間の道のりは、是非歩いてほしいところだ。

薬王院は聖武《しょうむ》天皇の天平年間の創建と言われ、その周辺の巨大な杉並木がすばらしい。

山路にさしかかって、春ならばエイザンスミレやセンボンヤリの薄紫の花を、夏ならばヤブレガサやヤマジノホトトギスの白い花を、秋はリュウノウギクの白、ツルリンドウの青などをたのしむことができ、歩くひとが少いので、私の娘時代も、それから何十年たっての今日このごろも、わざわざ道をひろげたところ以外は、それほど山の花々が減ったようには見えないけれど、戦後すぐの頃登ったときのように、ヤマシャクヤクやオキナグサやエビネを見出《みいだ》すことは、ほとんど不可能になった。かつてはクマガイソウもコアツモリソウも、山かげの杉木立ちのかげに咲いていたと聞いている。

山の花々を里に移して、花が仕合わせになる道理はない。悪い空気。薬くさい水道の水。土のちがい。移し植えられた山の花々にとって、里に下されることは、早い死への旅立ちを意味する。

一ころ植物の会の仲間に入って、一いろ一茎に限って、千メートル以下の山地の花々を採取した時期があったが、一年たち二年たちして、花も小さく葉も小さくなってゆくホタルブクロやフシグロセンノウを見ると、無抵抗の弱者を、自分のたのしみのために、幽閉し虐待《ぎゃくたい》している悪代官のような気持ちになって来て、この十数年来すっかりやめてしまった。植物学者でもなく、花になぐさめられ、花に安らぎの思いを与えられて感謝しなければならない身は、こちらから山にでかけて、花にあわなければばならぬと思いこむようになった。

高尾山には戦前も戦後ももう何回となく登った。高尾山の頂きからは、大山、丹沢山塊をこえて富士山。つづいて御坂《みさか》山塊、大菩薩嶺《だいぼさつれい》、甲武信《こぶし》、雲取などの山々が見える。北に目を放てば赤城山、日光連山、筑波山、更に東方ははるかに晩秋のよく晴れた日には、房総の山々をまで望み見たことがある。

西の谷を下って小仏峠《こぼとけ》に至り、景信山《かげのぶやま》から陣馬山の尾根道を縦走したことも、西南に大垂水峠《おおたるみ》を下って、南高尾の丘の連なりを歩き、眼下に津久井湖を見ながら、峰の薬師に出たことも、小仏峠を北に下って、南浅川の谷を抜けたこともある。

父が四十歳になったばかりのいのちを、結核にむしばまれて死ななければならなかったのは、富士登山で無理をしたからだと、母が繰りごとのように語っていた。

富士登山の前にはしばしば高尾山に登ったという。明治の末期に、中央線はすでに飯田町（編注：現在の飯田橋駅近くに存在した駅）・名古屋間に通じていた。二十代三十代の父は、小学生の私が、大正の末期に、浅川駅（編注：現・高尾駅）で下りて、甲州街道を西に、田圃《たんぼ》や空地の続く道を、山麓《さんろく》まで歩いたのと同じように歩いたにちがいない。

しかし父は頂きを極めて、どちらの道を下ったのであろう。

高尾山は小田原北条氏の信仰が篤《あつ》く、八王子に北条氏照が城を構えたときは、広大な寺領を得ている。徳川時代も参詣者《さんけいしゃ》がさかんであったというから、甲州街道に登山者の姿もよく見られたであろうけれど、鉄道開通後は、下山してふたたび浅川駅にもどるのが一番の近みちであったから、大垂水や小仏への道も、南浅川への道も荒れ果ててしまったのではないだろうか。

子供の頃、私の家の庭に、父が高尾山で採って来たというフクジュソウの数株があった。

町中にしては広い屋敷で、庭には築山《つきやま》があり、泉水がつくられ、築山の石組みの下には、フクジュソウが、いち早く毎年の春を知らせた。

フクジュソウは正月の新年を寿《ことほ》ぐ盆栽としてつくられるものとのみ思っていたので、父が高尾山から持って来たというのは、母の思いちがいではないかと思いこんでいた。

あれは、いつの春であったろうか。私が女ばかりの山の会をつくってからの高尾山ゆきだから、ほんの十年前である。山歩きに馴《な》れないひとびとのために、高尾山を登って、南浅川に下る道をえらんだ。

三月も末で、風も柔かく、陽射《ひざ》しもあたたかくなったが、山はまだ冬が去ったばかりで、木々の下草は、去年の秋のままに枯れすがれていた。

小仏峠で、早く帰りたいひとは相模湖に、ゆっくりできるひとは南浅川への谷を下ることに決めると、主婦の多い集まりなので、ほとんどが西側の短い距離を下ってゆき、私をふくめてほんの四、五人が北側の道をとった。椎《しい》や樫《かし》や杉などの常緑樹の多い谷は、木々の芽ぶきも見られず、一そう春のくるのがおそいようで、わずかにカンアオイの緑の冴《さ》え冴《ざ》えとしているのが春の気配を感じさせた。

ところどころにキブシの花も、固い蕾《つぼみ》なりに春らしい粧《よそお》いをこらしている。私はいつかひとびとよりおくれて山道を歩いていった。高尾山などと一口に軽く見て、あまりにも低く、あまりにも開けているのを非難するひとが多いけれど、この春のさかりを前にした谷の美しさはどうか。

木々は皆、飛翔《ひしょう》する前の若い鳥のように、息をひそめて張りつめた力を凝縮させている。この山気にふれ得ただけでも、今日の山歩きはよかった。

全身から湧《わ》きたつよろこびに、小走りに走り下りようとして、はっと息をつめた。一瞬にして金いろのものが足許《あしもと》を走り去るように思った。

フクジュソウが咲いていた。杉の根元の、小笹の中に一本だけ、たしかに野生の形の、売られているのよりは背も高く、黄も鮮やかな花を一つつけていた。その後石灰岩地帯を好むフクジュソウは、かつて多摩川の所々にもよく咲いていたことを知った。私の見つけたのは、残存の一株であったのだろう。

何故《なぜ》、高尾山に、こうもしばしばくりかえしてやって来たのだろうか。フクジュソウはたしかに高尾山に咲いていると父が教えてくれるために、おのずから私の足が向くように誘ってくれたのではないだろうか。

父は四十歳で死んだが、生きていたら、もっとたくさんの山に登ったことであろう。父の願いが、私をこのように山に駆りたてるのかもしれない。父がもっと生きてもっと見たかった山の花々を、私は父の眼で見るために、こんなにも山にあこがれつづけているのかもしれないと、そのとき思った。父は栽培種の花よりも野の花、山の花が好きであったという。

解説　強さとしなやかさと

田中澄江の『花の百名山』が、初めて山岳雑誌「山と溪谷」の誌面に登場したのは、一九七七年のことだった。毎月三座ずつ、四〇〇字詰め原稿用紙七枚ほどの連載だった。その連載が三年ほど続いたのち、文藝春秋から一九八〇年、単行本として出版された。三年間にわたる連載が、すぐ単行本となって出版されたのだから、連載での人気のほどがうかがえる。八一年には第三二回読売文学賞(随筆・紀行部門)を受賞し、さらに八三年には文庫化され、新装版となって現在も多くの読者に支持されている。

深田久弥の『日本百名山』は、百の頂がほぼ決まってから連載がスタートしたようだが、田中澄江の『花の百名山』は、連載終了から十数年が経過して、著者自身が新しく花を選び直し入れ替えたことがある。『日本百名山』は、山の品格、歴史、個性などを基準に山が選ばれたが、田中は、花の豊かさよりも希少性を重視し、絶滅寸前の花が盗掘されないことに配慮した。それが『新・花の百名山』となって、九一年、JTBからムック版となり、九五年にはやはり文庫となって文藝春秋から出版された。

こうして『花の百名山』『新・花の百名山』は、その根強い人気を不動のものとするが、NHKで「花の百名山」が放映されるようになると、さらにブームに火がつくことになった。折からの中高年登山ブームの高まりとともに、高山植物への関心も増すと、その希少性が一層注目されるようになり、危機的状況に拍車をかけるという皮肉な様相を呈している。

雑誌の連載中、私は編集部で田中澄江の直筆の原稿を何度か見せてもらったことがある。書きたい内容が次から次へとふくらんでいくのだろう、何度も書き加えられ、削除、修正を入れられた原稿は、元の体裁を留めていないと思われるほど輻輳《ふくそう》していた。判読しようと試みても難渋することがたびたびあったが、しかし、慣れてくるとなんとか読めるようになり、逆に直筆原稿に愛着すら湧《わ》いてくるのだから不思議なものである。執筆へのはやる想《おも》いとせっかちな気性のなせるわざであろう、形式に頓《とん》着《ちゃく》しない彼女らしい原稿だった。

『花の百名山』とは別の取材で秋田《あきた》駒《こま》ヶ岳《たけ》へ同行したときの山行は、今も忘れず記憶に残っている。直前に行ったカナダで肉を食べすぎたとかで五日間絶食した後の秋田駒だった。秋田駒から千沼《せんしょう》ヶ原《はら》、乳頭山へと縦走する日帰り登山だったが、その足取りは遅々としたものだった。絶食によるエネルギーの枯渇からではなく、それが全身から発する喜びによるものだと気付かされたのは歩き始めてすぐのことだった。花に魅せられて熱心にメモをとり、スケッチブックに絵を描くことに熱中するあまり、時間の概念が止まってしまうのだろう。

この時の取材は「山と溪谷」一九八七年七月号の巻頭グラフを飾ったが、そこでの田中の表情のすべてから白い歯がのぞいていることに気がついた。ヒナザクラの群落やヒメシャジン、ウメバチソウなど、花の多さに思わず笑みがこぼれてくるのであろう。絶食でつらいはずなのに笑顔の写真ばかり、ほんとうにこの人は花が好きなんだと納得させられた。このときは乳頭山の下りで完全に日が暮れてしまい、心配した宿のご主人が捜索隊を手配するところであった。遭難騒ぎの一歩手前で、これもまた田中の笑顔とともに忘れられない思い出である。

ところで田中澄江の『花の百名山』を読んでいると、花と同じかそれ以上にその山の歴史に関する記述が多い。その記述は、古代から近代まで、それこそ自由に思いのままに筆が飛ぶことがある。その山で起こった歴史上の出来事や古《いにしえ》の人々への情感を描いていくと、発想が募ってますます大胆になり、自由闊達《かったつ》な広がりのある文章になってくる。それだけに、つつましやかな山の花の可憐《かれん》さとの対比が強調される。発想が大胆で、細かいことに頓着しない大様さと、花に思いを寄せる細やかな感情と——。

山に咲く花は、厳しい自然のなかにあってもなおしなやかで、逆境を跳ね返す力強さを秘めている。だから田中は山の花を愛し、惹《ひ》かれるのであろう。彼女の花好きは、たくましいほどの強さとしなやかな柔軟性の双方を合わせもっていることに由来する。山を歩いていても決してへこたれない強さこそ、田中澄江の花好きの真髄にあり、凛々《りり》しく、それでいてたおやかなのである。

御嶽山《おんたけさん》

この世から遠く離れて

立松和平

立松和平（たてまつわへい・一九四七～二〇一〇）
栃木県生まれ。作家。早稲田大学在学中から創作活動を始め、卒業後は宇都宮市役所に勤めるも、「赤く照り輝く山」が芥川賞候補になり退職。一九八〇年、『遠雷』で野間文芸新人賞を受賞。他に『卵洗い』（坪田譲治文学賞／一九九二）、『毒――風聞・田中正造』（毎日出版文化賞／一九九七）など多数。八六年からＴＶ「ニュースステーション」の「こころと感動の旅」に出演し、人気を博す。

松本でレンタカーを借り、長野県木曽郡三岳《みたけ》村（編注：現・木曽町）の御嶽山登山口の黒沢口に向かって走っていて、夜の闇《やみ》にまぎれ山中に迷った。御嶽山三合目半にある中の湯本館（編注：二〇一六年三月末閉館）にようやく着いた時には、十九時をまわっていた。通された部屋には「御嶽大神」の軸が下げられ、幣《ぬさ》が飾ってあり、覚明《かくめい》行者《ぎょうじゃ》の木像が安置してあった。ここは御嶽講社の人たちが泊まる宿なのである。

「今は講が減りましたねえ。昭和二十年代は米を持ってこないと、泊めませんでした。昭和十六年頃は戦争にいく前に大勢の人がお参りにきて、戦争が終ってからも、生きて帰ってきたお礼にたくさんの人がきたものです」

中の湯本館主人の浦澤英一さんはいう。そばにいた妹の堀田富美子さんが話に加わってきた。

「私は一年に三回はお山にきてました。夏と秋と寒中です。山自体は変わらないんですが、昔の人はお山を信仰してましたから。見るとおがみたくなりますよ」

「一番多く人がきたのは、昭和四十年代はじめ頃じゃないですか。山頂から麓まで、白装束の列がずっとつづいてましたから」

その頃王滝営林署に勤務していた西堀稔さんはいう。西堀さんは私の友人で、明日いっしょに御嶽山に登る。御嶽山の話をしながらの食事は、大変な御馳走《ごちそう》であった。今年は当たり年ということで、大きな松茸《まつたけ》が用意してあった。焼いて、半分を松茸酒にし、半分をそのまま食べた。他には松茸の土瓶蒸し、シシ鍋《なべ》、馬刺、各種きのこ料理と、木曽の秋の味覚をたっぷりといただいた。

「御座《おざ》という神さまの身代わりを立てるのが、御嶽信仰の特徴です。神が依《よ》り憑《つ》いて、坐《すわ》ったままぴょんと飛んだり、狭い祠《ほこら》に百キロもある人がすぽっとはいったり。山に籠《こも》って、百日、千日の行をする人はいなくなりましたねえ。行をすれば先達と呼ばれるんですが、今も生きている先達は一人か二人しかいません。朝起きたら、見てください。霊神の碑が二万基あるんです」

宿の主人にこんな話を聞き、不思議なところにきたものだと思いながら眠った。うまい料理に酒をたくさん飲んで、心地のよい眠りであった。

朝起きて宿のまわりを見て驚いた。昨夜は暗くて見えなかったのだが、霊神碑が林立している。ほとんどは扁平《へんぺい》な自然石で、角のない大きな川石が使われている。そこには「覚明《かくめい》霊神」「普寛《ふかん》霊神」などと刻まれている。どの石碑も同じ雰囲気ながら古色蒼然《そうぜん》とし、しかもおびただしい数なので、不可思議な風景をつくっている。

これは御嶽信仰の霊魂観にもとづいている。講社の活動に功績のあった行者を霊神に祀《まつ》り上げて崇敬し、死後の霊魂が御嶽に帰ってくるための、その依代《よりしろ》である。この霊神碑には死者の魂が宿っている。御嶽山のまわりには、少なくとも二万の霊魂が集まっているということだ。


昨夜闇の中でも輪郭を見せていた御嶽山は、霧に包まれて見えない。黒沢口にある御岳ロープウェイの山麓鹿ノ瀬《かのせ》駅は、標高一五七〇メートルの地点にある。ゴンドラに乗って十五分で、七合目の飯森駅に着く。

飯森駅から森の中の連絡道を十分間ほど歩くと、黒沢口の登山道と合流する。中の湯から歩いてくれば、ここまで一時間かかる。丸太を縦に割って階段にした、快適な道である。ここに七合目行場山荘がある。

鬱蒼《うっそう》とした針葉樹林がつづく。ここに覚明霊神が祀られ、御嶽山信仰の由来が説明された看板があった。その要旨はこのようである。光仁《こうにん》天皇の宝亀《ほうき》五（七七四）年に国内に悪疫《あくえき》が流行した。医薬をつくしたのだが効果がなく、四月になって悪疫はいよいよ激しくなり、天皇は諸国の神に病気平癒の祈願をするよう勅令をだした。そこで信濃守《しなののかみ》石川朝臣《あそん》望足《もちたり》は、御嶽山に登頂して祈願した。

これは伝承として伝わる御嶽信仰の起源であるが、根拠があるわけではない。また日本武尊《やまとたけるのみこと》が東征の折、御嶽《おんたけ》に寄った。「山は三国無双の富士山があるが、岳にはこれほどの名岳はない、岳から流れ出る水で行水をすれば人間の五濁《ごじょく》を潔《きよ》らかにする」。そのように日本武尊はいい、そこから御岳《おんたけ》(嶽)といったという。御岳は岳の王であり、王岳《おうたけ》から麓の村の名の王滝《おうたき》が生まれ、中世から江戸時代にかけては「おのたけ村」とか「おんたけ村」とか呼ばれていたという。

御嶽山の信仰の由来は、よくわかっていない。御嶽山登拝については、江戸時代までは道者《どうじゃ》と呼ばれる少数の人たちによって、独占的に行われていたようである。道者たちは三月頃から精進潔斎を行い、御山禅定《おやまぜんじょう》として三両二分を納め、行場にいって修行をした。昼夜とも光明真言《こうみょうしんごん》を誦《ず》し、水垢離《みずごり》をとり、神官の前導のもとに登ったのである。こうした道者は分限者に限り、しかも木曽谷の住人に限られた。

その決まりに対し、他国者であっても多くの人々に御嶽山登拝を許し、しかも作法を簡易化するようにと黒沢村御嶽神社神官武居家に嘆願したのが、覚明であった。覚明は享保《きょうほう》三（一七一八）年三月三日に、尾張国春日井郡牛山村の農夫の子として生まれた。覚明の要求は、従来の七十五日の重潔斎を省略し、水行のみによる軽精進登拝である。武居家は御嶽支配の既得権を犯すものとして覚明の要請をはねつけ、尾張藩庁も代官所も武居家を擁護した。天明五（一七八五）年六月八日、覚明は信徒たち八人余りと御嶽山登頂を強行し、同十四日には三十人余とともに再度登り、二十八日には七、八十人余とともに「御嶽山大権現《だいごんげん》大先達覚明」という旗を押し立てて再々度登った。こうして覚明は初志を貫きとおすとともに、登山道の改修にあたったのである。

翌年の夏、覚明は御嶽山上の二ノ池の畔《ほと》りで病み、六月二十日に禅定したまま入定した。遺骸《いがい》は九合目に埋葬され、後にその場所に覚明堂が建立《こんりゅう》された。やがて黒沢口の登山道の改修が終り、重潔斎を軽精進に改め、武蔵国の行者普寛により新しい王滝口の登山道が開拓された。こうして御嶽山は大衆に解放され、登拝者は年とともに増えていったのである。

そんな歴史を踏みしめながら、私は一歩一歩と、決して容易ではない登山道に身体を運び上げていく。高度が上がるにつれ、樹高は低くなり、ダケカンバが目立ってくる。植物の変化によって確実に先に進んでいると確信できるところが、登山のありがたいところだ。樹木も少なくなり、ハイマツになる。ライチョウがいるということだが、なかなか姿を見ることはできない。

七合目から一時間で、八合目に着く。ここに女人堂があり、たくさんの霊神碑に囲まれている。かつて御嶽山山頂は女人禁制で、女性はここまでしか登れなかった。女人禁制がとかれたのは、明治になってからである。いたるところにある各種の霊神碑は、御嶽山信仰の歴史が複雑きわまりないことを物語っているのである。行者の像は、古いものはもちろん石像であるが、新しいものはブロンズ製で、妙にリアルで生々しい。

八合目からは岩の道がまっすぐにつづいている。いよいよ修行の道に至ったことが実感される。楽に山頂に至ろうという発想はなく、急勾配《こうばい》の道をまっしぐらなのだ。尾根道の急峻《きゅうしゅん》なガレ場で、とうに森林限界は過ぎている。晴れたら中央アルプスや八ケ岳が眺め渡せるということであるが、曇っている。ただし、頭上の雲は晴れ、陽光が射《さ》してきて、御嶽山の山頂のあたりを望むことができた。このあたりでは、どれが山頂なのかまだわからない。

足元の石は熔岩《ようがん》である。岩の斜面に石室山荘がへばりつき、小屋仕舞いにきた人の金槌《かなづち》を使う音があたりに響いていた。九合目の覚明行者が埋葬された覚明堂のあたりは、荒涼とした岩場で、この世から遠く離れてきたような実感がある。まさに行場だ。

二ノ池、三ノ池と山頂への分岐点があり、このあたりからようやく剣ケ峰の山頂が見えた。いつしか空は晴れ渡り、私たちは祝福されているような気分になる。剣ケ峰の山頂は、まさに剣を束にして立てたような鋭い岩の上である。その頂上から北北東の方向に、一ノ池から五ノ池まで池がならんでいる。どれもが火口である。そのうち水がたまっているのが、二ノ池と三ノ池と五ノ池で、最大の三ノ池の水は汲《く》んで下界に持っていってもいつまでも腐らないのだという。

岩と空ばかりの山頂付近である。最後にいくべきところがはっきりわかると、希望が湧いて身体が軽くなるものだ。やっと山頂のあたりに着く。真の山頂である御嶽神社まで石段が築かれていた。数えてみると九十段ある。最後のこの石段が疲れた脚にこたえた。

十三時に御嶽山頂に到着した。ロープウェイの鹿ノ瀬駅から出発して、ちょうど四時間かかったことになる。眼下に水のない一ノ池と外輪山が見え、まさに噴火口であることがわかった。「御嶽山頂標高三〇六七M」の標識を見て、山に登ったなあという達成感に満たされた。

岩の斜面を登っては降り、隣りの標高二九三六メートルの王滝頂上神社にお参りをする。夏の登山シーズンならこのあたりは人でごったがえしているのだろうが、紅葉も通り過ぎていった晩秋のお山は、静謐《せいひつ》さに満ちていた。山の神も里宮に降りているのである。

岩場にある日の門、月の門を岩山の上に眺め、王滝奥の院にお参りする。このあたりの道は昔とは微妙に変化しているようである。奥の院の向こう側は深く切り込んだ地獄谷で、硫黄のにおいのする風が吹き上げていた。

帰路は王滝口登山道を通り、田の原に降りた。これも修行のための険しいまっすぐな道であった。

解説　小説家の悲壮な業《ごう》

〈百霊峰巡礼をしないかと「岳人」編集部に誘われた時、私はそこに多くの因と縁が働いていることを感じた。こうして神仏の霊地を訪ねて登山をするのは、私には必然の成りゆきにも思われたのだった〉（立松和平『百霊峰巡礼・第一集』）

『百霊峰巡礼』の「はじめに」を、立松はこう書き出している。まるで決意表明のように読める。月刊誌の仕事だから、一ヶ月に一山としても、足掛け九年にわたる長丁場の取材、執筆となる。しかも高尾山などの低山ばかりではなく、槍《やり》ヶ岳《たけ》や立山、御嶽山などの三〇〇〇メートル級の山に登り、ほぼ一〇枚の原稿にまとめなければならない。連載がはじまったのが二〇〇四年の一月号だから、すでに五六歳になっていた。自分に残された時間を考えても、おかしくない年齢である。毎月一回とはいえ、一〇年近くも山に登り続け、原稿に著わす。還暦を間近にひかえ、中途半端な気持ちでは引き受けられなかったに違いない。重要な「ひとつの区切り」として、『百霊峰巡礼』の連載を考えていたのだろう。

立松の著作は膨大な数にのぼる。『遠雷』や『春雷』、『太陽の王』などの代表作というべき小説にとどまらず、紀行、評伝、対談集、絵本などとあらゆる分野に及んでいるが、正直に告白すると、私はそれほど熱心な読者ではなかった。しかし、一九九八年に出版された『光の雨』には、強い衝撃を受けた記憶がある。連合赤軍事件を素材にしたその長編小説を、団塊の世代を代表する作家のひとりとして、立松は書かずにはいられなかったという。人間の心のうちに潜む嫉妬《しっと》心《しん》や執着心、繰り返される殺《さつ》戮《りく》の描写を、身を切るような思いで書き残したのであろう。

一方で、立松が一躍脚光を浴びるようになったのは、一九八六年から始まった報道番組「ニュースステーション」の、「こころと感動の旅」と題したコーナーを担当してからだった。朴訥《ぼくとつ》な栃木弁で語り掛ける口調が人気を博し、多くの視聴者の心をつかむこととなった。しかもそのロケは全国に及び、現地から生中継でレポートすることを「売り」にしていた。立松は現場主義なのである。「こころの旅」は地元や地方出身者の心情に訴えるものが多く、自ら現場に臨み、自然や環境の大切さを、声高にではなく切々と伝えた。

立松との付き合いのなかで忘れられない出来事がある。二〇〇〇年ころのことだろうか、私も懇意にさせてもらっていたニュージーランドの観光局長と三人で、マウント・クック登山の話で大いに盛り上がった時期がある。クックといえば、簡単に登れる山ではないのだが、トレーニングや実行の時期まで細かく詰めて話し合った。毎回、酒の勢いがあったとはいえ、結構、大まじめだった。しかし、ちょうどそのころ、立松は『道元の月』という歌舞伎台本の執筆に四苦八苦していた。結局、締め切りの関係でクック登山の計画は流れてしまったが、行動に向かおうとする律儀さは半端なものではなかった。パリ・ダカール・ラリーに出走したように、現場に足を運び、実体験を通して表現しようとする行動派作家の面目躍如たるものがあった。

『百霊峰巡礼』は、二〇〇六年の第一集刊行から第三集まで都合三冊出版されている。一集、二集は二十五山ずつ掲載されているが、三集は二十三山で終わってしまった。そして第四集は未完のまま、二十七の山を残して出版されることはなかった。

立松は、二〇一〇年一月中旬、体調不良のため入院、解離性動脈瘤《どうみゃくりゅう》破裂の緊急手術を受けてわずか二週間後の二月八日、多臓器不全で急逝《きゅうせい》してしまった。

「時間がほしい、時間がもったいない」

立松が、いつも口にしていた言葉である。あふれるような心の叫びを、いつももどかしく思いながら言葉に紡《つむ》いでいたのだろう。ギリギリと自分を追い込むことによって、初めて心のなかの叫びに寄り添えて表現化されてきたのかもしれない。その姿は、アスリートが自己を追い込む姿勢と似てはいないだろうか。アスリートは極限まで肉体を酷使し徹底的に自分を追い込んだ結果として、初めて記録の更新につながるという。解離性動脈瘤破裂という病名を聞いて、私は愕然《がくぜん》とした記憶がある。立松も執筆に血の滲《にじ》むような思いをして己を追い込んでいたのだろう。「こころと感動の旅」の語り口や酒席での屈託のない明るさに思わず惑わされてしまうが、小説家の悲壮な業が垣間見《かいまみ》えたような気がする。

今から思うと、晩年の著作、それこそ『晩年』や『道元禅師』などは、生と死にまつわる小説や仏の道に関する作品が多かった。絶筆となってしまった『良寛』も、仏への救いに光明を見出そうとしたものであろう。

一方で、書かれることのなかった『百霊峰巡礼』の第四集は、私たちをどのような「仏の山」に向かわせようとしていたのだろうか。

第二章　山の懐《ふところ》に抱かれて

或《あ》る単独行者の独白

田淵行男

田淵行男（たぶちゆきお・一九〇五〜八九）

鳥取県生まれ。自然写真家、ナチュラリスト。東京高等師範学校（現・筑波大学）博物科卒。在学中、後のテーマとなるギフチョウに出会うとともに、登山に傾倒。独協中学等で教壇に立った後、日本映画社入社。戦時下の建物疎開《そかい》を機に安曇野《あずみの》に移住。高山蝶《ちょう》を中心に昆虫の生態観察を始める。写真家としての作品に加え、昆虫の細密画でも知られる。

ひとりの山

若い頃の私の山行は、殆《ほと》んどがひとり旅であった。その点根っからの単独行者といえそうだが必ずしもそうではなかった。というのは、その頃の山をめぐっての時代的な背景の影響によるところが大きかったからである。つまり、登山をめぐっての周囲の事情に単独行を助長する傾向が極めて強かったわけである。

私が山へ入り出した昭和の初めの頃の山は、限られたごく少数の人の専有物の感があり、このごろのように、いわゆるレジャーとしての大衆登山などといわれる風潮は、その兆《きざ》しさえ見られなかった。従って、身近に同行者を探しても容易には見つからなかったし、いわんや体力、日程、好みなどで折り合いのつくパートナーを求めることはさらに難しく、結局、ひとりで出かけるよりほかなかった。そんな事情から、独り歩きの山が自然に身についたようである。決して山はひとりに限る、などと決めていたわけではなかった。しかし、ひとりで歩いていると、私にはひとりの山が性に合い、気が休まることは確かで、その点、単独行者としての素質は、人並み以上に生れつき持っていたようにも思われる。

考えてみれば、私が山へ入ったのは比較的遅く、学校を出てからで、その頃すでに私の山行には、いつでも独自なプログラムが組み込まれていたので、その実践上からもひとりのほうが都合がよかったわけである。

とはいうものの、このごろ私は、時折気のおけない若い山仲間と山行を共にすることもあって、それはそれなりに結構楽しかった。だがその場合の山旅の中味は、独り歩きの場合とはだいぶ異質なものになってくる。

つまり、山への期待というか、山中での行動にしても、また観照や思索の上からも、マイペースがひっこみ、かなり妥協的になり、自主性が大幅に後退していくのに気がつく。その点独り歩きの場合は違う。納得いくまで山が眺められ、気がすむまで道草を食い、好きなだけ山と向い合っていられた。

大勢でがやがや歩いていては、例えば鳥の鳴き声ひとつにしても、仲間同士の話声に消されて、耳には届かないし、足元をよぎっていく小さな山の動物たちの姿や足音にも、気づかずに通り過ぎてしまうことが多い。

ひとりで歩いていてもつまらないではないか、とよくいわれるが、私の場合、それに答えるには、山へ何しに行くのか、という、山行の原点、目的意識にさかのぼって行かねば完全な答は出てこないように思われる。

そして、その場合、私の山へ求めるものの第一は、静けさ、あるいは疎外《そがい》感ということが出来る。つまり、山という隔絶の中で、自分を見つめてみたい、ということになり、それを裏返しにいうと、私には静かな山ほど孤独感にすぐれた高級な山といえる。

その意味で、どんなに標高の点で卓越していても、常に人影が蠢《うごめ》いていたり、人声の聞かれる賑《にぎ》やかな山に、私はそれほど惹《ひ》かれない。別な言い方をすると、私にとって山の魅力は、その隔絶度ということであり、山行の意義は、原始の香り高い無傷な自然に浸ることだと言えると思う。

群集心理の陥穽《かんせい》

ところでこのごろ、ひとりで山に登って行く、いわゆる単独行に対する世間の風当りには厳しいものがあって、山の独り歩きは、時に不法行為のようにさえ目され、単独行者は何かにつけ肩身の狭い思いをしなければならなくなった。

確かに山の事故といえばすぐに単独行というふうに、批判されるケースが目立つ。厳冬期は無論のこと、条件のきびしいシーズンオフの山に、軽々しく単独で登るのは、無謀行為といわれても仕方がないほど高い危険性が伴うので、規制も止《や》むを得ないが、通常平易な夏山シーズンまで一様に扱うには、若干問題がありそうに思われる。

単独行が問題になるのは、事故の生じた場合、仲間による敏速な救助活動の出来ないことが第一にあげられるが、最近の遭難事例からは、往々それとは逆に、パーティーの本来の姿からはあり得ない傾向が見られるようになった。それは登山の急速な大衆化に伴い、パーティーの連帯感、責任感の弱体化によるもので、パーティーの質的な低下、つまり内容がかなり変ってきたことを示すものであろう。その点昔のように、遭難事故処理の上で、必ずしも安全で有利とはいえなくなってきたように思われる。

つまり、ごく安易な即製のパーティー、混成パーティーがふえ、メンバーの団結意識や、体力、技術、道義心の低下、不揃《ふぞろ》いの傾向を考えると、少なくとも一概に、パーティーなるが故《ゆえ》に安全とする先入観は見直す必要があるし、また遭難というと、ただちに単独行と短絡させるのも一考を要する。私には最近の登山人口の急激な増加による、登山者の質の低下が事故多発の原因のように思われる。

どんなに気の合った仲間でも、山行を共にして、一から十まで考えや好みが一致することは難しい。時折私は、専属のポーターに荷物を持って貰《もら》うことがあった。撮影に専念するには、心身ともに充分のゆとりが望ましかったからである。こうした場合の同行者は、はっきりした雇用関係であるから、私はどこであろうと必要に応じてザックをおろさせ、何はばかることなくカメラを立ててさしつかえないはずであるが、実際は必ずしもそうはいかなかった。五度に一度ぐらいは我慢することになった。というのは、私があれこれ構図を考えている間、所在なさそうに間を持て余して、煙草をぷかぷかふかすポーターの姿が気になって、ついさっさとカメラを片づけてしまう。

考えてみれば本末転倒といえるおかしな話で、それではせっかく雇い入れたポーターの意義がなくなってしまう。そんなわけで、結局自分で重いザックを背負っての単独行のほうが気楽で、仕事がやりやすかった。

ひとりの山のよい点は、あらゆる点で完全に自由で、終始、マイペースで押し通せる点ではあるまいか。どんなに気が合い、統制のとれたパーティーでも、メンバー各自の体力、技術がぴったり揃うということは望めないし、好みにも違いがあるはずで、完全に一致することはとうていありえない。コースのとり方、歩行のペースにしても、強い者には不満を呼び、弱い者には無理がかかり、それが積み重なると、行動の統制を乱し、ひいてはパーティーの安泰を損うことにもつながっていく。

夏山最盛期に少し早い或る年七月半ば、私は涸沢《からさわ》から穂高小屋への、いわゆるザイテンを登っていた。穂高小屋まぢかであったが、稜線から急な雪渓が涸沢めがけて垂下していた。所々に岩が頭をのぞかせていたが、心得のあるものにとってはグリセード（編注：雪の斜面を靴底で滑り降りる技術）で一本飛ばしたいところである。

果せるかなその時、雪渓の上端に突然六、七人のパーティーらしい一団が姿を現わした。中に女性が一人まじっている。どうやらグリセードで下降する計画らしい。と見ているうち、男性は次々グリセードで下って行き、女性が一人だけとり残された。先行した仲間は、下方からしきりに滑降をうながすが、女性のほうはなかなか慎重である。

私は見ていて、その女性もある程度のグリセードの技術は身につけているに違いないと思われた。でなければ急な雪渓の上に立つわけはないし、一方仲間の側もしつこく滑降をうながすはずがない。だが、女性のほうは自信がなかったのか決断しかねている。そんなやりとりがだいぶ長い間くり返され、その間先行した仲間と、とり残された女性との距離はしだいに開いていった。そしてその間、ザイテンを登り降りする登山者の注目をしだいに集めていったのは当然の成行きだった。そうなると、とり残された女性にとって一段と重圧が加わるばかりで、引っ込みがつかなくなる。

私は、はらはらしながら眺めていた。女性の様子にのっぴきならぬ窮地に追い込まれていく心情が、いやというほど察せられたからである。そしてその重圧に耐え切れなくなったのであろう。意を決して女性はついに滑りはじめた。果せるかなすぐに転倒し、そのまま加速していった。

ザイテンの登山者の間にざわめきが起った。一番遅れて近くにいたそのパーティーの一人が、いち早く事態を察して滑落してくる女性目がけてとびつき、ピッケルで制動したがすぐに効き目はなかった。つづいて、次の仲間がまたとびついた。三人がもつれたままひと塊りになって滑っていった。

その下方に岩が頭を出していた。もろにぶつかれば最悪の事態になりかねない。幸い二人の男性の必死のピッケル捌《さば》きでスピードが落ち、岩に当って軽くもんどり打ったまま静止し、事なきを得た。これなど、単独行であったなら恐らく起きなかった事故で、私にはパーティー仲間の牽制《けんせい》による無理が招いた出来事と思われた。これとは別に私は、槍沢《やりさわ》の雪渓でも、それと全く同じケースを目撃している。そのような場合、自分だけてくてくと歩いて降《くだ》るにはかなりの勇気が必要だし、技術上のコンプレックスをいやというほど見せつけられた上、仲間を待たせることになるので、身を切られるほど辛《つら》く、つい無理をしがちになる。

どんなパーティーでも大なり小なり内蔵している危険な落し穴である。そうした場合、肝心なことはリーダーシップの適切な行使で、リーダーたる者、パーティー各員の実力を正確に把握していなければならぬわけである。

或る年の夏、雪倉岳から白馬のテント場への帰り道、鉢《はち》ヶ岳《たけ》を過ぎ、三国境に近い稜線にさしかかった時、にわかに雲行きが険悪となり、激しい雷鳴がとどろき渡った。これは厄介なことになった。剝き出しの稜線には、どこにも身を寄せるに足る物陰は見当らぬ。

私は懸命に辺りの地形を物色し、稜線の斜面の一方のかなり降ったところに大きな岩塊を見つけた。そこの岩陰よりほかには避難場所はない。私はころがるように駈《か》け下りた。期待に違《たが》わず、その一方にどうにか雨を避け、身を入れる窪《くぼ》みを見つけた。

雷はやがて遠去かっていったが、その雷鳴が轟《とどろ》きわたる真最中に、私が駈けおりた遥《はる》か上方の稜線から、時折賑やかな人声が聞えてくるのだった。どうやら五、六人の若いパーティーらしく、なかに女性の声もまじっていた。これには驚かされた。

何という大胆さ、激しい雷雨の中、しかも落雷の恐れのある稜線を平然と歩いて行くのにはただあきれるばかりだった。このような場合、ひとりであったらとてもそのような対応は出来ることではない。複数を恃《たの》んだ群集心理に駆られた暴挙というよりほかはない。その場合、幸い何事もなかったからよかったが、私には、パーティーなるが故の遭難事故につながる危険性を見せつけられる思いがした。

そうした場合、慎重論を持ち出すことは、何となく小心者と見られそうで気がひけ、特に若い人達は、無理しても恰好《かっこう》のよい強行論に与《くみ》しがちなものである。その点単独行では、いかなる場合でも何ものにも牽制されることなく、自力に応じた判断に基づき慎重に行動することが出来る。

原始への回帰

テントをかついでひとりで山を歩いていて、日が午後にまわってくると、私はそろそろその夜の泊り場の算段をはじめねばならなかった。道に沿うて注意深く目を走らせ、少しでも仮泊に向きそうなところを見つけると、すぐザックをおろして周りの地形や雰囲気、その適、不適をひと通り見て品定めするのである。

ただし、その場合、私には頭から敬遠しなければならぬ条件、つまりタブーとなっていることが二つだけあった。その一つが深い黒木の森林で、他の一つが流れに沿うた岸辺である。深い密林といえば、当然昼なお暗い亜高山帯の針葉樹林帯ということになるが、奥深い黒木の森は、底知れない未知の世界を連想させ、窺《うかが》い知れぬ秘密を隠して不気味である。そんな黒木の森の中に、私はよほどのことがない限りテントを張る気にはなれない。

戦前の或る年、三月末、私は一人で夜叉神《やしゃじん》峠から鳳凰《ほうおう》三山を志したことがあった。第一日は少なくとも砂払いの稜線にテントを張るつもりが、春の軟雪にワカン（編注：輪カンジキ）の足をとられて歩行がはかどらず、そのうえ重荷で、大きく予定を狂わせ、南御室《みなみおむろ》小屋の下方にテントを張ることになった。周りは黒木の密林で、雪の急斜面という、キャンプサイトとしては最悪の条件である。どちらを向いても、寒々としたシラベの幹の単調な縞《しま》模様だけ、目を楽しませるものは何ひとつなかった。

こうした場合、普通であれば暮れるまで辺りを歩きまわって展望を楽しむところであるが、この場合は事情が変っていた。まるで目隠しでもされたようで何とも所在がない。といって、テントにもぐり込む気にもなれぬ。まだ暮れるにも間のあるはずであるが、林の中は薄暗く、不気味な静寂に閉ざされてしまう。

一体テント設営の場を決める時には、いろいろな条件を比較検討して、ある程度迷うのが普通である。つまり地形、風向き、水場、それと雰囲気で、安全性と言い替えることが出来るかも知れないし、また本能的に感じられる危険性、或いは不安感といえるものである。

といっても、わが国の山に危険をもたらす具体的な事柄はそうあるはずはない。積雪期であれば雪崩《なだれ》と落石、ほかには熊ぐらいなもので、それも特定な場合に限られているはずである。そう割り切ってみても、人里離れた山中に、一人完全に隔絶されてみると、理屈を超越した不安感にさいなまれる。自然への漠然とした恐れである。

昔の人のいみじくもいう「物の怪《け》」にあたる。私にはそれは、人類が遠い祖先からうけついできた原始性の名残りのように思われる。長い進化の道程で、知らず識《し》らずに心のどこかに沁《し》みつき、蓄積された感性であろうが、それがこうした孤立無援の境地に放置されると、時を得顔に甦《よみがえ》ってくるのである。

密林に次いでテント場として落着けないのは、流れに沿うた河原といえそうである。この場合小さな流れではなく、山峡を音を立てて流れる渓流である。夜中枕辺《まくらべ》にひびくせせらぎといえば、いかにも優雅に聞えるが、山中ひとりの場合は、その効果は全く逆で、私には苦手でなんとも落ち着けない。

つまり、同じせせらぎが身辺の情報伝達を妨げることになるからである。一体人間の感覚生活を通し、視覚が七割を占めているといわれている。先の森林の場合は、視覚ではカバー出来ない世界が生命の脅威となって不安を誘ったのであるが、一方川辺の場合は聴覚を通して身の安全が妨げられる恐れがあるからである。

どうかして瀬音に消されたり、あるいは重なったりしてリズムが乱されたり、本来の物音がそのまま聴覚として伝わってこなくなるからである。そしてこの場合、不安を覚えるのは、自己防衛の、ごく原始的な対応が乱されることになるからである。

私は一度南アルプス入りで、小武川《こむ》の河原でテントを張った際、なかなか寝つかれず、困惑した覚えがある。リズミカルなはずの瀬音が、聴覚の具合いで、弱くなったり強まったり、時に途切れたりするため、そのたびに神経を尖《とが》らし、懸命に聞き耳を立て、変化の理由をつきとめようと苦慮するからである。以来、川筋にテントを張ることは、黒木の密林とともにタブーになっている。

そのくせ一方では、そうした物音には努めて無頓着《むとんちゃく》になり、無視しようとするが、ひとりの場合はそれは不可能である。一体、テントに寝るひとりの山の夜は静かであればあるでかえって落ち着かず、静寂の中からことさら何か物音を探し出してその正体をつきとめようとするし、それと反対に、山の物音が賑やかであればあるで、その中から幽《かす》かなリズムの変化をあばきだしては、その究明に翻弄《ほんろう》される。

いずれにせよ、単独行の山でなければ味わうことの出来ない、自然の音響との終りのない戦いであり、同時に、一身の安泰を賭《か》けての深山の夜の静寂との対決であった。それがそのまま山の醍醐味《だいごみ》ともいえるであろうし、また山旅の真骨頂ともいえる境地であったかもしれない。

私が山行を思い立つ時、何より優先させる条件は、静かなことであったから、時季も当然シーズンオフということになった。戦前の山は、九月も半ばを過ぎると、ほとんどの山小屋は無人となり、めったに人に行き会うことはなかった。

北アルプスでは、後立山《うしろたてやま》の鹿島槍《かしまやり》によく登った。南アルプスでは、鳳凰、甲斐駒《かいこま》などのアプローチの短い前山に集中し、奥秩父にも足繁《しげ》く通ったものだった。

戦前の或る年九月の末のことであった。甲斐駒を志し、日野春経由竹宇《ちくう》口から登って行った。長い急登に意外に手間どり、七丈小屋に辿《たど》り着いた時には、秋の日は山の端《は》に隠れて、夕闇《ゆうやみ》が刻々と無人小屋を包みこんでいく頃だった。眼下にひろがる甲斐の野は蒼茫《そうぼう》と暮色の底に沈んで、夕陽を浴びた八ヶ岳が、小さな置物のように裾野《すその》をひろげていた。

私は軋《きし》む入口の戸を押し開けて中に入った。がらんとした板敷の広間は、綺麗《きれい》に片づけられていた。私はその索漠としてとりつくしまのない空間のひろがりに戸惑いながら、どこに居場所を決めたらよいか、眺めまわしたが、すぐには決められなかった。

ザックを片隅に置くと、何はさておき今宵《こよい》の宿舎を探検しておかねばと、閉め切られた薄暗い小屋の中を、隅から隅まで見てまわった。奥に別のひと間と炊事場、納戸《なんど》があった。それでもまだ私は、寝場所をどこに定めたものか決断がつかなかった。

普通であれば、こんな時とばかり、一番広い入口近くの部屋の中央を、でんと一人占めにしてよさそうなものだが、そんな気にはなれないどころか、むしろ反対に部屋の片隅に身を寄せたい気になったから不思議だ。その部屋には、土間と反対側の壁際《ぎわ》に、高さ五十センチほどの戸棚がしつらえてあり、中はがら空きだった。私はそれを見つけた時、その中こそその夜の寝場所として最も落着ける最高の場所のように思われた。結局長い思案の末が、こともあろうに、選りによって窮屈な戸棚にもぐり込むということで結着がついた。しかもその際、戸を少しだけ閉め残しておくことを忘れてはならなかった。万一の場合の異常をいち早く察知し、身の安泰を計るためである。いわば我々が、日常の生活の中に置き忘れてきた本能を、こうした孤立無援の境地におかれて取り戻したわけである。

それは飼犬が、狭い犬小屋の中で寝る際、数回ぐるぐると廻って確認の末、落着くのとよく似ている。つまり本能的に身の安泰を計る最も素朴な対応を取り戻そうとするわけである。

このような場合、睡眠中に身の安全を計るには、出来る限り強力な援護物を楯《たて》にとり防衛面を縮小するのが得策のはずで、その点から部屋の中央は、いわば八方破れの最も無用心で不得策な構えということになる。それに比べ壁際は、防衛面は三面ですむし、四つ隅は二面に減り、さらに戸棚の中は一方だけですむことになる。

そうした、平素の生活では全く不必要な、従って気にもかけない対応というか、原始の残像ともいえる全く別の生活意識が、一人の山ではごく自然に、しかも切実な必然性を伴って、当然なこととして浮上してくるのである。

私にとって単独行は、人類の原点とめぐり合う回帰の旅であり、同時に、私の中の野性を模索する遍歴でもあった。

解説　多様な顔と一途《いちず》な思い

田淵行男は、山岳写真家であり、高山蝶の生態の研究者であり、そして雪形《ゆきがた》研究など民俗学の分野でも業績を残すなど、いくつもの顔をもっていた。そこに共通するのは、観察者の冷静な目であり、表現者の豊かな感性であり、それを貫く自然への温かい眼差しであった。戦争のため遅咲きの出版デビューとなったが、以後の田淵は後世に残る作品を次々と発表していくことになる。生涯で三六冊もの優れた著作を残しているが、その大半が写真集や写文集、図鑑の類で、随想だけをまとめたものは、この『黄色いテント』の一冊だけである。表現者として書ける人なのに、まずそれが私には不思議なことだった。

『黄色いテント』が実業之日本社から出版されたのは一九八五年、すでに八〇歳を超えていた。企画の立案から完成までに、実に二五年の歳月を要している。出版が大幅に遅れた理由が、「あとがき」に書かれている。コツコツと原稿を書き溜《た》めていたのだが、山をめぐる情勢が大きく変わってしまい、書き換えるのに時間を要したというのだ。日本人のマナスル初登頂に沸いた登山ブームによって登山者が急増し、山小屋が近代化され、アプローチが短縮されて、山の様相が一気に変わってしまったからである。さらに高度経済成長が追い打ちをかけ、自然保護か開発かの軋轢《あつれき》も激しくなって、執筆時のゆとりもおおらかさもなくなってしまった。すでに書かれていた原稿が時代に取り残されてしまったのだ。

しかし、一九八二年に書籍のための原稿が完成してからは二年ほどの間に脱稿させている。取り掛かりさえすればスケジュール通りに完成させるのは、いかにも律儀を重んじる田淵らしい仕事といえる。

田淵が戦禍を逃れて安曇野に疎開したのは一九四五年、東京大空襲の後のことであった。終戦後もそのまま豊科《とよしな》に残り安曇野に住みつづけたことは、田淵にとってとても大きな意味をもっていた。安曇野は北アルプスの山麓《さんろく》から湧《わ》き出た清流によってできた扇状地で、一帯にはおおらかで豊かな水田地帯が広がっていた。当時の安曇野には手つかずの自然が至るところに残っていたのである。そしてそこには、彼のために協力を惜しまない地元の人たちの温かい支えがあった。

こうして、田淵は生涯の居住の地を豊科に定め、撮影と観察の日々を送ることになる。その自然から田淵は実に多くの素材を得ていた。目の前に広がる山々の姿であり、野山を飛翔《ひしょう》するチョウであり、そして自然の佇《たたず》まいであった。

時代は異なるが、東京に生まれ育った私が、とにかく高校卒業とともに都会を出ようと決心していっとき生活の拠点としたのが信州であった。なかでも松本平から大糸線に揺られて豊科近辺まで来ると、あの安曇野の景観にほっとしたことをよく覚えている。特に五月、田圃《たんぼ》の水面に残雪の北アルプスが映しだされる光景には何度溜息《ためいき》をついたことだろう。

その安曇野にも暗雲がたれこめた時代があった。農業の効率化が叫ばれ、農薬散布による雑草の駆除が推進されたときである。生態系への配慮より、すべてに効率が優先された時代だった。田淵が敬愛した高山蝶もまた危機に瀕《ひん》していった。

こうした時代に遭遇しながらも、田淵は作品を発表し続けた。『黄色いテント』とほぼ同時期に発表されたのが『安曇野挽歌《ばんか》』であり『安曇野の蝶』であった。ともに安曇野への危機感を募らせながら発表された作品である。そこには農地整理がすすみ、レンゲ田が消えた安曇野の様子が描かれている。

ちょうどそのころ、『山のアルバム』が出版された関係で、私は写真家の水越武とともに豊科の田淵行男の家を訪れた。すでにパーキンソン病を患《わずら》い、体調は思わしくないようだったが、とても丁寧に対応してもらった。実直で誠実な人ががが随所に感じられたのを、昨日のことのように覚えている。

言うまでもないことだが、田淵の作品にはひとことではくくり切れない多様性がある。なかでも観察者としての資質と表現者としての力量には並外れたものがあった。命を削るようにしてひたむきに対象に迫り、決して妥協を許さない頑固さをもち、それでいて眼差しはとても温かだった。モノクロームの山岳写真は山の厳しさに迫り、高山蝶やスズメバチを、当時まだ珍しかった生態写真、精緻《せいち》な細密画で表現した。どれをとっても異彩を放っていた。

安曇野というかけがえのない自然を舞台にして、その自然を解き明かすべくインタープリターの役割を負いながら、多くの貴重な作品を生み出した。

自然を見る温かな眼差しと、観察者としての冷静な目と、表現者としての感性が、あたかも三位《さんみ》一体となって、安曇野の地で開花したと思えて仕方ないのである。

島々谷《しましまだに》の夜

串田孫一

串田孫一（くしだまごいち・一九一五〜二〇〇五）
東京生まれ。詩人、哲学者、エッセイスト。暁星《ぎょうせい》中学の頃から登山に傾倒、東京帝国大学文学部哲学科に在学中、山岳部に入部。卒業後は、上智大学、東京外国語大学等で教壇に立つ傍ら、詩、エッセイ、評論等、多岐にわたる分野で文学作品を発表。一九五八年に尾崎喜八らと山の文芸誌「アルプ」を創刊。八三年の終刊まで編集責任者を務めた。

突然ジュウイチが鳴いた。

少し離れたところだったので、谷を渡って行くのか、向うの繁みで仲間を呼びよせているのかよく分らなかった。私はとうとう一人でこの谷へ入って来てしまった。なんにも心細い気分はなかった。それに一人の夜道がたいがいの場合そうであるように、遠く長い道とも思われなかった。

私はジュウイチが頻《しき》りに鳴き出しても足をとめなかった。それが鳴きやんで川音ばかりになっても歩き続けた。足許《あしもと》を照らす電灯を時々消した。暈《かさ》をかぶっている月でも、谷が少しひらけたところへ来ると、月の光で充分に歩けた。それに電灯を消すと、あたりの夜の中から、谷の繁みのありさまが薄く見えて来て、夜の谷を歩いている多少の意味が加わるようにも思えるのだった。

月は谷の上の、近いのか遠いのかは分らないが、谷の底から見あげる限りでは尾根のように見えるところを、静かにころがるように移動しているのが分った。その月も、もうそんなに長くは光を投げていないだろう。雲が光を弱める。薄い雲だが、月の前を通るその量は次第に増して行った。そのまた上層には一面に薄い雲がひろがっていることは、いよいよはっきりして来る暈の工合でも分るが、こうなると、この夜を歩き続けて、徳本峠《とくごう》で夜明けを待つころは、もう明神や穂高の方はすっかり隠れて、悪くすれば雨にあうかも知れない。そんなことをちらっと思った。

ジュウイチがまた鳴き出したが、それはずっと谷の下の方だった。それだけ私は歩いて来た。

いくら歩いても一向に疲れなかったが、そんなに歩き続けても早く峠につきすぎて、夜明けを待ちくたびれるようでもつまらないと思い、歩きながら煙草《たばこ》をのむことをやめて、ところどころで腰を下ろして行くことにした。島々から二時間歩いた。どの辺まで来ているかは正確には分らなかったが、右に左に幾つかの谷を見て、川音も、だいぶ規模の小ぢんまりした音になって来た。もっと下流の、まだ広い道を歩いている時には、どんなに耳をそっちへ向けていても、流れの音としか聞きとれなかったが、ここまで来ると、川の一部分が小さい滝になっていることや、ねじれて落ちる水が、横から出っぱった岩にぶつかって繁吹《しぶき》を上げていることなどがよく聞きとれるほど、川の幅もせばまって来ていた。それは小人数の室内楽のようにも思われた。誰も通るはずもないこの道には、踏みあとも見附からなかった。二、三箇所のぬかるみで、電灯を道にあててさがしてみたが、靴底の形も地下足袋のあとも発見出来なかった。それで道に寝ころんでも、どういうこともなかったが、やっぱりいくらか草むらに道をよけてザックを枕《まくら》にねころぶのだった。ねむくなれば少しこの辺で寝ていってもいいと思い、煙草の火をていねいに消してから、すぐに起きあがらずに、胸の上に手を組んでじっとしていた。

胸の上に手を組むのは若いころからの私の癖である。そして、誰に言われたのか忘れたけれど、そうして眠ると悪い夢を見るからそんな癖はなおした方がいいと言われた。確かに胸の上の自分の重味は、悪夢をさそい出すかも知れないことは、そういわれた時にすぐ考えたが、悪夢にも少し興味があって、むしろそれまでほとんど自分では意識していなかったそれを、それからは意識してやるようになった。

さっきも歩いている私の前を、小さい動物が横切って行ったが、道のわきにころがっていると、道をかなり速い駈《か》け足で、同じ小柄な動物が走って行った。鼬鼠《いたち》だろうと思う。それも大変あいまいな判断であるが、立ちどまってはっきりと顔をこっちへ見せてくれなければ、断言できない。

私の灯の輪の前を走りぬけた奴《やつ》は、見なれない灯に驚いたのは分るが、こうしてじっと横になっている私の足の方をやっぱり、音を立てずに走って行ったのは、私に気がついていたものだろうか。驚こうが驚くまいが、そんなことには無関係に、この小動物は夜の谷をかけ廻っているのだろうか。今度やって来たら、いきなり電灯をつけて驚かしてやろうと思い、電灯のスイッチをつまんで構えてみたが、もう当分はやって来そうにもなかった。

コノハズクが鳴いた。

そんなに遠くの声ではなかった。私はそれで自分がもう大がいのことでは引き返せないところまで谷を深く入って来てしまったことを思った。そして私は一種のよろこびを暗闇の中で味わった。月はもうない。時々かすかに見えていた星も今はすっかり隠れた。

私はコノハズクの声を聞きながら、今自分がかすかな夜風のように感じた悦《よろこ》びを確かめるために、灯をつけて地図をひろげた。こんなところで、地図を見ることが、いくらか山歩きをしている現実に私を引き戻しはしたが、深く入り込んだ島々谷を、島々の合流点から順に辿《たど》り、二股《ふたまた》の発電所から更に今私のいると思われる地点まで目で追ってみると、私一人の周囲何キロかの中には、恐らく一人の人間もいないことが沁々《しみじみ》と理解され、また少し違ったよろこびの味が感じられて来るのだった。

地図を畳んでまた電灯を消した。そしてこんなことを考えた。私は自分が立てた計画どおりに夜の島々谷をここまでやって来たが、突然の出来心で、二股から、今は廃道になっている北沢へ入って行って、道のなくなった谷の中で同じように腰を下ろしていたらどうだろうかと思った。大滝山へ突きあげているこの北沢の上流がどんなになっているか私は知らない。だが、発電所のわきを通る時に、古い立札を読みながら、全く北沢への誘惑がなかったわけでもない。そのことを今想《おも》い出したのだった。あっちの谷でもジュウイチやコノハズクが鳴いているかも知れない。けれども、道の消えてしまった谷に私が入って来てしまえば、気持はもう少し複雑で、この夜の鳥の声もこのようには聞こえてはいなかったろう。

それに比べると、真夏はともかく、まだ峠近くには必ず雪があるこの季節には通る人もほとんどないとは言っても、ともかくこうして道を歩いて行く私は物足りなさを感じることも出来た。私は故意に危険に自分の身をさらすことは考えないが、これまで遡行《そこう》したことのない北沢を、夜のぼってみることも全く考えられないことではなかった。ただ私は翌日上高地で行われるウェストン祭に参加する約束があって、午前中に到着しなければならないということが、こうした出来心を起こさせないで、計画通りに南沢を辿らせているのだった。

しかし私はなぜ夜を選んだのだろう。時間の都合で。それは私の場合、ある人たちには言い訳にはなっても、私が夜を選んだたしかな理由にはならない。せっかくあの道を歩くなら、明るい時間にしたらよかったのに……。そう言われた時、私は時間の都合でどうしても夜になってしまったのだと答えるだろう。けれども、最初からの計画として私は夜道を歩くことにしていた。長い単調な沢沿いの道を昼間歩いてはもったいないなどと思ったこともない。私はどこをどんな時間に歩いても、辛《つら》い時は辛いし、嬉《うれ》しい時は嬉しい。その辛さ嬉しさを超えて、私には山にいる満足がある。

だからこそいっそう、私が夜を選んだ理由がなければならない。だがこれはなかなか厄介である。

しばらく歩いてから、さもなければ歩きながら考えてみよう。

私はそれから橋を幾つか渡った。これまでも右岸左岸へと何度も移った。崩れた崖《がけ》に、丸木の渡しのあるところも通った。そこは、ずっと下の方で滝の音がしていたので、高巻をしているのだと思ったが、明るければちょっと躊《ため》らうようなところかも知れなかった。右手に持っていた灯を左手に持ちかえて、錆《さび》ていることが手触りで分かる針金につかまって通った。

それからしばらく水平の道が続き、それがわずか下り気味になると、川音は足許へ近よった。道は大きな岩の間にはさまれ、苔《こけ》のはえた岩につかまって、岩を越した。その岩の途中から丸木橋があって、灯をそこへ向けると橋は下から吹きあげる水で濡《ぬ》れていた。不確かだが、昔そんなところを通ったような気がして来た。記憶が甦《よみが》えるというほどのはっきりした感じではなかったが、逆に徳本峠を上高地から越して来た時に、誰かが、鮨《いわな》の難所だと言いながら岩に手を突張って、よじれて落ちるこのさわがしい流れをのぞき込んだことがあったような気がした。しかしその橋を渡ってしまうと、また右岸の草むらの道は全く覚えのない場所になった。三十年も通らずに、しかもどこといって特徴のない谷の道では覚えがないのがあたりまえだった。昼間歩いていてもそれは同じことだったろう。

また一時間ばかり歩いて、水を飲みながら一服した。そこは小さい谷が左から落ちているところで、空が少し開けていた。道が曲り込んでいて、休む癖のある人は荷を下ろしたくなる場所だった。だが私はそこで、コップに汲《く》んだ水を静かに飲みながら、もう少し夜の恐怖を感じてみたかった。

私は灯を道の曲り角に向けて、そこからひょっこりと、私の生命をおびやかす怪物が現われることを、頻りに想像してみたが、ほとんど効果はなかった。怪物はあまり滑稽《こっけい》すぎたので、熊にしてみた。しかしこれも駄目だった。こんな時に私が想像する熊は、ちっとも狂暴ではなくて、恐縮している容子だった。話をすれば通じるような熊しか考えられなかった。

それから私は道の曲りかどへ来るたびに、私を立ちどまらせるような何物かを期待したが、そういうものは一向に待ち伏せていてはくれなかった。たまに道を横切って行くのは鼬鼠ばかりだった。

そろそろ地形は、沢の源流に近付いて来たことを知らせるように、複雑になって来た。倒木も急にふえて、それをまたいだり潜《くぐ》ったりして、時には道をさがすようなこともあった。前年の颱風《たいふう》で倒れた老木だった。それが片付けられないうちに草に埋れかけ、からみ合った枝の上を、今年の新しい蔓草《つるくさ》が這《は》っているのだった。青くさい繁みを踏み越えて行くのは、そろそろ谷の道に単調さを感じはじめた私にはむしろ面白かった。

こんなことを何度か繰り返しているうちに私はとうとう道を見失った。そこもやっぱり倒木があって、そこまではっきりしている道がどこかへ消えてしまっている。何度引きかえしてみても道はほかにそれている容子はなかった。目印に枝を折ったりして、ひどい藪《やぶ》を進んでみた。草の下にころがる石は、大きな毬藻《まりも》のようにいっぱい苔をまとっていたし、茨《いばら》は私の腕を引っぱった。その藪はますますひどくなった挙句《あげく》に、岩にぶつかっていた。その岩の下は、泡立った水に洗われていて、この先に道が続いていないことは確かになった。また倒木まで戻って道に出たが、藪に向って消えた道の行方は私には見当がつけられなかった。諦《あきら》めて草の中に寝てしまうのは簡単だが、同じ寝るのならもう少し寝心地のよさそうなところを探したいと思って川の岸に出て見た。いい加減汗をかいた顔でも洗ってまずさっぱりしようと思い、騒がしく流れる川の方へ灯を向けて行くと、そこに一本の丸木橋がかかっていた。私はやっぱりほっとした。

荷を下ろして、もうだいぶ暗くなってきた懐中電灯の電池をかえることをまず考えた。三本の電池を全部かえても、このあたりからさっぱりと明るくして歩いた方がまちがいないと思った。ともかくこの一本橋を渡って、その先の道の見極めをつけてから休んで行こうと思って、明るくなった灯で、平衡をとりながら橋を渡り出した。

その橋の途中で私の電灯は消えた。どうして川に落ちなかったのか、私には分らない。目をつぶって渡ったような気もするし、向う岸へ飛んでしまったのかも知れない。マッチをすりながら接触の工合をしらべたが、電池をかえる時にちょっと予感したように、球が切れてしまったのだった。球のかえはない。もう私はここで夜明けを待つより仕方がない。

もちろんがっかりはしたが、この場所から動きようがないとなれば、迷いも起らないし、工夫をするわずらわしさもない。荷物の中には寝袋も入っているが、それを引きずり出して工合のいい寝場所を整えるのも、灯がなくては面倒である。

靴を脱いだ。川音は烈《はげ》しいばかりでなく、時々水滴が飛んで来る。水量が増してくればここは水びたしになる場所かも知れない。それは雨でも降って来てからのことにして、ともかく荷物を枕に横になると、背中に当る石もなく、私は全くの闇の中で多分にっこりとしただろう。そうして、煙草だ煙草だと思う。赤い火が私と一緒に呼吸する。

マッチをすった時に時計を見るのを忘れた。時間などはどうでもよかった。それから、さっき休んでいた時に、自分がなぜ夜を選んでこの谷をのぼって来たかということの続きを考えてみようかと思ったが、流れの音が私に何も考えさせようとしない。

それに、道を失い、その後で灯を失った私は、全く夜に征服されてしまって、止《や》むを得ずここでぼんやりとひっくりかえっている。灯をつけて、せっせと歩いているうちは、夜が幻想を与えるものとして、あるいは私に試練を与えるものとして、ともかく考えの対象にもなるのだが、どうしようもない闇にこうしてしばられてしまっては、思索などは気取りすぎていていまいましい。

星が見えた。三つ見えた。白鳥が天頂の近くへ来ている。一時ごろだろうと思った。

（一九六〇年七月）

解説　思索する心

串田孫一の業績の多様性と多面性には驚くものがある。まずその範囲が尋常ではない。著作だけでも哲学、随想、詩、小説、音楽、博物学、そして登山に至るまで多種多様に及んでいるのだ。内面に秘めた多彩な博識はどこから来るのだろう。いくつもの引き出しをもちながら、その引き出しから出てくるものは、いずれも一級品の知性と感性を備えていた。

串田が八九歳で亡《な》くなったのち、二〇〇七年、「アルプ〇号」として、氏の追悼号の編集を手伝わせてもらったことがある。Ａ５判上製三五〇ページの大冊になったが、その巻末に著作一覧が掲載されていて、実に四〇〇〇冊以上にも及ぶ書籍が紹介されていた。この著作一覧を見ただけでも、串田の幅の広さと多様性がうかがえるのである。

串田孫一の業績は著作数だけにとどまらない。ＦＭ東京で毎週深夜〇時からはじまる「音楽の絵本」という放送は、自作の詩とエッセイの朗読、そしてクラシック音楽を組み合わせたラジオ番組だった。一九六五年から都合一五〇〇回、三〇年にわたって途切れることなく続いた長寿番組で、ゆったりとした時間の流れが、ラジオならではの効果を余すところなく醸《かも》し出していた。朗読を聞きながら詩の世界を空想し、音楽の調べに身をゆだねる心地よいひとときを体験された方も多いだろう。ラジオという表現方法が、実に効果的に作用して聴取者を引き込んでゆくのである。音と文学に表現された創造する喜びが、まさに「串田ワールド」に集約されていたと言えよう。

串田孫一と山といえば、やはり山の文芸誌として一九五八年に創刊された「アルプ」について語らなくてはならない。案内や技術などの実用記事をいっさい排し、広告を掲載することもなく、上質の雑誌を目指して創文社から創刊された。折から専門的な山岳評論誌「岩と雪」も創刊され、さらに先鋭的なクライマー集団第Ⅱ次RCCが創設されるなど、登山史上忘れられない画期的な年となった。二年前の一九五六年には日本人初の八〇〇〇メートル峰マナスルが登頂され、井上靖の新聞連載小説『氷壁』によって日本は未曾有《みぞう》の登山ブームが訪れていた。戦後の復興も一段落し、世の中全体が高揚期を迎え、「アルプ」も静かなブームとなって若い人たちに迎え入れられたのである。その立役者が責任編集を担《にな》っていた串田孫一だった。創刊に至る慧眼《けいがん》には驚かされるばかりだが、時代が後押ししてくれたのもまた事実だった。

その「アルプ」創刊の前年、串田の随筆集『山のパンセ』が、実業之日本社から出版された。私はそのタイトルに惹《ひ》かれて買った覚えがあるが、『山のパンセ』Ⅰの

「あとがき」で、自著についてこう記している。

〈パンセはフランス語で、想い、思索、瞑想《めいそう》、感想などという意味があり、また三色菫《すみれ》のこともパンセという。（略）私としては、「山の想い」というようなつもりでいる〉

なお、『山のパンセ』は一九六二年にⅡが、六三年にⅢが出され、六六年には、『新版 山のパンセ』上下二巻となって、同じく実業之日本社から出版された。さらに一九七二年には全一巻となって刊行されている。ロングセラーとなって読者に支持され続けたのである。

なかでも私が最も好きな作品が本書で紹介した「島々谷の夜」である。これに連なる「島々谷の朝」のいずれにするかで迷ったが、ここでは〝夜〟を選んだ。

〈突然ジュウイチが鳴いた〉で始まるこの一編は、その情景が手に取るように浮かんでくる。小さな水音に耳をそばだてたり、かすかな夜風を肌に感じた喜びが伝わってくるようで、さらに空想をかきたてられたものだ。特に夜を描くということは、五感のうち視覚を閉ざしてほかの感覚をフルに働かせなければならない。ラジオの「音楽の絵本」と同様、思索する心の目が随所に現われて、深く頷《うなず》かされるのである。紀行文の見本のような秀作と言えよう。

私が生前の串田邸を訪ねたのは、すでに三鷹市牟礼《むれ》から東小金井に越されたあとだったが、当時は駅周辺の再開発も手つかずで、鬱蒼《うっそう》とした森のなかに建つ彼の家はすぐにわかった。九月上旬の夏の盛りが残る夕方で、ゆっくりとした口調は温厚な人柄そのものだった。亡くなられてからも何度か串田邸にはお邪魔させてもらったが、木々が生い茂る小さな庭で、多くの「アルプ」ゆかりの人たちと交歓の機会をもたせてもらった。すでに鬼籍に入られた方たちも多いが、いまから思えばとても貴重で豊かなひとときだった。

「アルプ」は三〇〇号を最後に、二五年の歴史に自ら幕を下ろして一九八三年に終刊した。一部の読者が優れた書き手として成長してもなお穴埋めができず、個性的な執筆者が次第に固定化されていった。さらにきちんと受け入れてくれていた読み手も少なくなってしまったという。しかし、執筆者と読者の双方の受け皿として、四半世紀にわたった「アルプ」の果たした功績は多大なものがあったと思う。

山の世界で「思索する心」の灯が消えることなく、輝き続けることを願うばかりである。

スコトン岬　山口耀久

山口耀久（やまぐちあきひさ・一九二六〜）
東京生まれ。登山家、著述家。十代のなかごろから登山を始め、一九四四年に有志と社会人山岳会「獨標登高会」を創立し、初代代表を務める。国内の登攀《とうはん》ルートに数々の記録を残す一方で、山の文芸誌「アルプ」の編集に参加、串田孫一らとともに終刊まで委員を務めた。代表作は『北八ッ彷徨《ほうこう》』『八ヶ岳挽歌《ばんか》』他。

礼文島《れぶんとう》は日本最北の島である。北海道本島の北の町・稚内《わっかない》から船で約三時間半、日本海の北辺の一隅に浮ぶこの島は、その南東にある利尻島《りしりとう》と海上約一〇キロを距《へだ》てて、ほぼ一対のかたちで相対《あいたい》している。二つの島の人たちは、利尻を男島に見立て、礼文を女島にたとえる。海を抜くこと一七二一メートル、利尻岳という岩骨もあらわな円《えん》錐《すい》火山が海上にそびえる利尻の島の勇ましい姿と、全島ゆるやかな丘陵状の笹山が起伏する礼文の島の優しい姿とは、たしかに一対の夫婦《めおと》の島の形容にふさわしく見える。

礼文島の形は、さそりに似ているとも、また干鱈《ひだら》のようだともいわれる。島は東西が狭く、南北に長い。北の海岸線は、この島唯一《ゆいいつ》の半円形にちかい船泊湾《ふなどまりわん》というかなり大きな湾をえがいていて、それを抱くように二本の腕が北に向って伸びている。さそりとすれば、この二本の腕がその鋏《はさみ》にあたろう。二本のうち、左の長い方の先端をスコトン岬という。国土地理院の友人の調べでその正確な位置を示せば、北緯四五度二七分、東経一四〇度五八分。ここが日本最北の島の、その北の果てにあたるわけである。

昭和三十六年の四月の末ちかく、私は東京から三人の仲間とともにはるばる利尻岳の登山に旅立ち、島に着いてから九日目に、ようやく天候のチャンスをつかんで、目的としていたこの山の西壁の登攀を果して、頂上に立つことができた。その折、仲間の一人を谷間の雪渓上に設けたベースキャンプに残していったため、頂上を踏まない彼のために、こんどは容易な一般コースからもういちど利尻岳に登ろうと決めたのであるが、さてその二度目の登頂を保証してくれるような好天の日が、五日待っても六日待ってもめぐってこない。待ちくたびれて、キャンプを撤収して海岸の沓形《くつがた》に下り、宿屋で待機してその翌々日だったと思う、四人そろって登山路を山の八合目あたりの三眺山というところまで登って、そこから眺めた礼文島の姿を、私はいまでも忘れることができない。

その日も朝からどんよりした天気で、俗に霧小便《キリシヨン》といわれる水っぽいガスのなかを、四人とも途中でいくどか、戻ろうか、引き返そうかと思いつつ登ってきたのであるが、そこまで来ると、急に周囲のガスが薄れはじめ、ふと振り返って下の方を見ると、いちめんに縞《しま》のような帯をえがいた雲の間から見るみる海が拡《ひろ》がりだして、そのなかに、ぽっかり礼文島が浮びあがったのである。夢のような、というのは、ほんとうにあのような光景をいうのであろう。天上から見おろす島の姿は、まぼろしに似ていた。鈍く、いぶし銀のような光をたたえて淡《うす》むらさき色に拡がった滑らかな海のおもてに、島はふわりと浮いているようで、海の底につづく根が感じられないのである。雲の帯は幾筋にも並んで、一様にゆっくりと沖の方へと移動してゆき、それにつれて島はいかにも静かに海上を漂っているように見えた。あれが人の住んでいる現実の島とは、とても思えなかった。

その時は、荒あらしい西壁の断崖《だんがい》をむき出しにして、雲の多い空の下で重くのしかかるように迫った利尻岳の頂上が、なんともいえず不気味な感じで、その恐ろしい山の表情に負けてしまい、四人そろってそこからすごすごと元の山道を下ってきたのだが、思いがけない海上の景観を眼にしたことで、中止してしまった登頂もそれほど残念とは思わなかった。

利尻島には、結局、二十日間滞在した。西壁からの利尻岳登攀をめざしてやって来たのだから、これで目的は果したわけだが、ついでに礼文島に寄ってみようということは、はっきり決めたわけではなかったが東京を出るときから考えていた。稚内から出る船は、礼文に行くにしても利尻に行くにしても、大体そのどちらをも回って、翌日また稚内に戻るコースをとる。私たちの往《い》きの航路は礼文を回って利尻に着いたのであるから、礼文には船が寄港した一時間ほどを寄ってきたわけなのだが、帰りには、次の便が来るまでのあいだ、たぶん二日か三日かを島で遊ぼうと考えていた。稚内からの便は、海が荒れるのでやたらと欠航するけれども、順調にゆけば大体二、三日おきぐらいに船が入るのである。

利尻の西海岸の沓形で、船の来るのを心待ちにしていると、小樽からの航路で、おたる丸という貨客船が入った。定員三十三名、三〇トンのその小さな船で、私たちは礼文島に渡った。島の東海岸の南にある香深《かふか》に船が着いたのは夜であった。その晩は、港にある船会社の事務所の二階に泊めてもらった。

さて、礼文島に着いた翌日、私たちの予定は、はっきりと決ったものではなかった。香深から、島の尻尾《しっぽ》の部分を越えて西海岸に出ると、桃岩という絶壁があって、花の時期には見事な高山植物の群落が見られるので、島に来る観光客は大抵そこに行くのだと聞いた。そのあたりがまあ、この島の名所ということになるらしいのだが、観光パンフレットの写真に出ているような景色を私たちは初めから見物する気はなかった。島の最高点の礼文岳に登って、あとは島の北の突端にあたるスコトン岬というところに行ってみよう。どんな所だか知らないが、地図を見るといかにも島の果てという感じで、細長く海に突き出している様子がおもしろいし、スコトン岬という名前も、なんとなく旅情を誘うなにかがある。

けれども、そのスコトン岬に八日も滞在するようなことになろうとは、私たち四人だれも予想はしていなかったのである。ましてその日、私たちが登った礼文岳で島じゅうが大騒ぎになるような事件がもちあがることになろうとは。

礼文岳に登るには、香深から八キロほど北の内路《ないろ》から山道があると聞いたので、私たちは香深から東海岸づたいのバスに乗った。内路には小学校があったので、そこに、利尻から持ってきた山道具の大きな荷物を預ってもらった。北海道の山では、どこに登るにも、営林署の入山許可証をもらわなければならない。これは利尻でもやったことゆえ、一軒の家で、どこでもらったらよいかを訊《たず》ねると、場所がだいぶ離れているし、礼文岳なら山といってもたいした山でないから、わざわざ許可証をもらいに行くほどのこともないだろうと、人のよさそうな、その家の男のひとが言ってくれた。

礼文岳は標高四九〇メートル、内路から丘の隆起をなす尾根をゆっくり登って、二時間ほどで頂上に達する。低いながら、頂上の部分はそこだけくっきりとドーム状に盛りあがって、北の山らしく偃松《はいまつ》に包まれた円頂には、一等の三角点が置かれてある。眺めもなかなか見事だった。海のむこうには、きのうまでいた利尻島が寒ざむとした雪肌もあらわに雄大な山容を見せ、頭をめぐらせば、島の北に大きく入り込んだ船泊湾と、それを抱えた二つの岬の腕の組合せが、うまくできた模型のような景色で見渡された。西側から吹いてくる風が冷たいので、私たちは東側の斜面に腰をすえて、パンを食べ、煙草を吸った。頂上には一時間半ちかくもいたであろうか。午後も、もうだいぶ回るころに頂上を去って、同じ山道を内路に引き返した。

小学校で、預けておいた荷物を受け取り、それから、白浜行きという、島をなお北に向うバスに乗った。上泊《うえどまり》というところまで、相変らず東海岸づたいに走って、そこから丘の林の中をゆるく越えると、もの静かな湖のほとりに出る。この湖は久種湖《くしゅこ》という。久種湖を回って、島の北の港がある船泊の家並をぬけ、あとはずっと、暮れなずむ湾の海を右手にしながら、わずかな客を乗せてバスは走った。

やがて、「終点です」と女車掌が言い、夜のなかにバスが停った。降りたところは、海にのしかかる崖《がけ》の下で、家一軒なく、前方に岩をくり抜いた洞穴のようなトンネルが控えていて、夜のせいでもあったろうが、なんとも、もの淋しい場所である。えらい所に来たなァ、という共通の思いで四人顔を見合わせ、大荷物をバスからおろして、さて歩きだすのもためらうような気持で、念のため、一緒にバスを降りたおばさん風の女のひとに「この道を行けばスコトン岬ですか?」と訊《き》けば、「ああ、この道でいいよ」と言う。女のひとはつづけて「だけどなんだね、その荷物は？ スコトンで芝居でもやりに来たのかね？」。この質問には返事のしようがなかった。特別大型のルックザックは、利尻で暮した荷物を詰められるだけ詰めて、その上にテントやらポールやら鍋《なべ》やらを、やたらと紐《ひも》で括《くく》りつけてあるのである。

トンネルをくぐると、道は水ぎわから、左手の台地の上に登りになった。台地の上は平らな草地になっていた。前方に人家の明りがポツポツと見え、そこがスコトンの部落である。家の数も少なく、いかにも淋しい漁村に見えた。そのなかを、なんとなく悪いことでもしに来たような思いで通りぬけると、陸地がそこで急に狭くなった。右も崖、左も崖、下は両側とも暗い海である。花道のように海に突き出たその細い草地をしばらく進むと、その突端は意外なことに崖をおりる石段になっていて、その下にかなり大きな一軒の人家が見えた。家の前は海に面して小広い庭の平地になっていたが、他人の敷地に無断で立ち入るわけにもゆかず、私たちは石段の降り口のそばの、草地が段のようになった場所にテントを張ることにした。とにかくここは礼文島の北の果てのスコトン岬。足の下に波の音が聞え、暗い海に映る三日月の光が物凄《ものすご》く見える。

夜が更《ふ》けるにつれて、風が強まり、海の声が高くなった。

夜中の二時ごろであったろうか、テントの外でなにやら人の声がしたので、寝ぼけ

まなこで入口をあけると、船泊の巡査だという人が顔を現し、

「東京から来たという四人の人らは、あんたたちかね?」と言った。

そうです、と答えると、礼文岳で山火事が起きて、東京からの登山者が四人きのう礼文岳に登ったというので、人命救助の立場から確かめに来たのだと説明した。船泊からオートバイでとばしてきたと言い、それにしても無事でよかった、なにしろ、きのう礼文岳に登ったのはあんたたちだけだったから、と言って、帰って行った。巡査の名は、たしか高橋さんと言った。遠い夜道をご苦労さんなことだと思い、疲れていたから、礼文岳に火事が起きたなんておかしなことだと、別に気にもとめず、寝袋にもぐり込んで、またぐっすりと寝入ってしまった。

翌朝、テントの中が明るくなるころ、外でガヤガヤと声がする。こんどは子供たちの声である。早口でよく聞き取れないが、

「なかァぬくいべ」

「なかさ入《へえ》りてえなァ」

などという可愛《かわい》いことばも混じっていて、ときどきテントの入口から覗《のぞ》き込む顔もある。部落の子供たちがテントのまわりに集っているのである。この意外な訪問客は、なんとも私たちにはうれしかった。岬の突端の家の人は、イカを六匹わざわざテント

まで持ってきてくれた。図々しく無断でこんな所にテントなど張って、なんとなく気がとがめる思いであったのに、こんな親切な人のいるスコトンの岬に、やっぱり来てよかったと思った。

それにしても、昨夜の礼文岳の火事は、どういうことなのだろう。きのう礼文岳に登ったのは、われわれ四人だけだったというのは、考えてみれば、おだやかでない。そのことに気がついた。部落のなかにある小学校から電話が通じると聞いたので、そのちいさな小学校に行き、香深の営林署の事務所に電話してみたけれども、署員が出かけているらしく連絡がとれない。気掛りなので、私はHと二人で、とにかく香深まで行ってみることにした。あとの二人のUとSはテントに残ってもらうことにして、私はHと一緒に、きのう降りたバスの終点の白浜まで、なんとなく、いやなことになりそうな予感を抱きながら、急ぎ足で歩いた。

いやな予感はバスの中でみごとに現実となってあらわれた。白浜から船泊まで、江《え》戸《ど》屋《や》だとか、浜中などという漁村がある。バスが停るたびに二人、三人と乗客が増えて、島の人たちどうしの、にぎやかな会話が始まった。「ゆんべの礼文岳の火事は大騒ぎだったなァ」そんなことばから始まったと思う。バスじゅうの会話が礼文岳の火事のことで持切りになった。夜、船泊湾の漁船が礼文岳の頂上に赤い火をみつけて、それから大騒ぎになったこと。深夜、山火事の急報が島じゅうに飛び、全島の町と村に配置された消防団員に召集がかけられたこと。山火事にしては、初めは火の様子がちょっとおかしく、そういえばソ連が人工衛星を打ち上げるというニュースがあったから、そいつが礼文岳の頂上に墜落したのではないか、という情報がみだれ飛んだこと。

私はHと並んで、乗客の視線に目立たぬよう、運転手の席の後ろにある、車のいちばん前の場所に腰かけていた。二人とも顔はバスの走って行く前方に向けて、なにげない風を装《よそお》いながら、耳だけは緊張していた。

「そういや、東京の四人組の登山者のしわざだっちゅう話でねえか」

男の声で、そんなことばが聞えた。

すると、それにかぶせるように女のひとの大きな声で、

「東京から礼文島に火ィつけに来たにちげえねえど」

このことばで、バスの中がどっと湧いた。私の全身の血がカアッと頭に逆流した。すでにわれわれは重要犯人である。走って行くバスの中で私は身の縮まる思いがした。隣に無言で座っているHにしても、きっと同じ思いであったろう。

バスは船泊で三十分ほど停車した。ここは、島の南の香深とともに波止場があり、

礼文島でもどうやら漁港の町らしい大きさをもっている。女車掌は、しばらくお待ちください、と言って、運転手とともに車を降りてしまい、停ったバスの中では、退屈な時間しのぎの気分も加わって、乗客の礼文岳の火事にかんする話題はいちだんと熱がこもってきた。私たち二人を除けば、乗客はおそらくはみな顔を知り合った島民ばかりである。そんななかで私たち二人がなぜ皆の注目を受けなかったかといえば、それは私たちが車内の隅に座っていたということよりも、おそらく二人の風采《ふうさい》があまりに見すぼらしく、島の人たちが想像する東京の人間のそれとはあまりに違いすぎていたからなのであろう。

身の置き場もない気持で、早くバスが出ないかと、そればかり念じていると、突然、車の入口から若い男性が入ってきた。車内を見回して、きっぱりした口調で、

「東京から来られたYさんとHさんという方はおられるでしょうか?」と言った。

万事休す! 心臓が止るような思いで「ぼくたちですが……」と応《こた》えながら、私は顔の筋肉がこわばっているのが自分で分った。車内がいちどきにシーンとなった。皆の視線がいちどに私たち二人に集中した。

若い男性は、船泊の営林署の職員だと言い、

「スコトンに残っている二人の方から、このバスに乗ったと伺ったのですが、香深の

警察に出頭してもらいたいと、警察のほうから連絡がありました。お願いします」

そう、はっきり言って、車から降りていった。

やがて、バスは発車した。

私たちが降りるまで、車内ではもう礼文岳の火事のことは、それきり乗客の話題にのぼらなかった。


香深の警察で、私はじつに屈辱的な取調べを受けた。町外れにある、三等郵便局ほどの建物の、あまり広くない部屋に二人が入るなり、いきなり、大きな机のむこうに不機嫌な顔で座っている中年の巡査服の男が、

「お前たちか、礼文岳で火事を起した奴は?」

と言った。

私はむっとした。

「どうして、ぼくたちがやったと言えるんです?」

「きのう礼文岳に登ったのはお前たちだけだぞ。理由はそれで十分だ」

態度といい、ことば遣いといい、こいつはじつにいやな奴であった。私はHとは別に、警部補で山本というこの男から取調べを受けた。なるほど、きのう礼文岳に登っ

たのはわれわれ四人だけだったというのが事実だとすれば、犯人はわれわれ以外にないことになる。ほかに登った者はいなかったのかと反問したが、島の人間で礼文岳になど用のある者は一人もおらんと言う。そういえば、山の登りでも下りでも、私たちはほかの人間には出会っていない。とすれば犯人はやはりわれわれなのだろうか。そんなはずはないと思いながらも、そうではないという確信ももてなかった。まずいことになったものだ。だが、どうして火事なんか起きたのだろう。

相手の態度が不当だったから、私のほうも神妙になれなかった。

山で焚火《たきび》をしたろう、と訊くので、しなかったと答えた。マッチを持っていただろう、と訊くから、ライターは持っているがマッチは持っていない、と答えた。ガソリンか石油を持って登ったろう。ガソリンはバーナーと一緒に内路の学校に預けていった。ここで彼は「嘘《うそ》を言っても調べればわかるぞ」と、語気を強めて私を睨《にら》んだ。本当のことを言っても嘘だと思うのなら、この男の心はひねくれている、と私は思った。

煙草を吸っただろう、と訊くので、私とHとUは煙草を吸った、Sは煙草をのまない、と答えると、三人で何本吸ったかと言い、私は途中で何本吸ったかは正確に憶《おぼ》えていないが、頂上では三人で一本ずつ吸った、と答えた。すると彼は、得たりという表情を初めて見せて、その煙草を草の中に投げ捨てたにちがいない、と断定した。むろん投げ捨てた憶えなど私にはない。私はだんだん馬鹿らしくなってきた。

入山許可証を持たないで山に登ったことが問題になった。内路で許可証をもらおうとしたが、一軒の家で礼文岳ならそれほどのこともないと言われたので、と説明すると、すかさず、その家はどこの家だ、と追及された。許可証をくれる場所が離れているからと、親切に言ってくれた、その家の気のよさそうな主人の顔が頭に浮んだ。まずいことを言ってしまったと気がつき、それは言えない、だれに言われたにせよ、とにかく入山許可証をもらわないで登ったのはわれわれに責任があると言うと、この件だけはそれで一段落がついた。

長い時間かかってできあがった供述書の、最後の文句が気にくわなかった。「私は私たちの煙草の火の不始末から、今度の礼文岳の火事は起きたのだと思います」という文句になっていた。そんなことを私は言いはしなかったから、その部分は私の供述ではないと抗議すると、

「それならお前は一体この山火事の事件をどう考えるのか?」

と、彼はふたたび語気を荒げて詰め寄ってきた。

私も反抗的になった。

「ぼくは、われわれのした事実についてはみんな述べた。偽った事実はひとつもない。

述べられた事柄を調査して、それによって判断をくだすのがあなたの仕事でしょう」

彼はひどく不服らしかったが、不承不承にその部分を削って、私に拇印《ぼいん》を求めた。

私はそのあと、隣の小部屋で、別の若い巡査に指紋をとられた。この人は山本警部補と二人でこの警察署を担当していると言い、気持の通じる好い人であった。Hはこの部屋でこの人に供述をとられ、ひどく同情的な様子で調べてくれたと、あとで私に語ったが、私に対しても同じような態度で接してくれた。もしもあの山本警部補でなく、この人が私を調べてくれたのなら、私の態度も、もっと素直になれたろうと思う。

「数年前にいちど東京にいたことがありましてね。東京はなつかしいなァ」

墨をつけた私の両手の指先を、それに自分の指を添えて一つひとつ用紙の上に押えながら、この若い巡査はそんなことも言った。私もなんだか、ひどく東京がなつかしかった。

調べが終って、二人はひどく疲れた気持で警察を出た。もう夕方だった。スコトンの子供たちにおみやげの菓子を買って、それからバスに乗った。バスはかなり混んでいた。車中の話題は、相変らず昨夜の山火事のことで盛りあがった。山火事の知らせで島じゅうから二百人ちかくの消防団員が内路に集ったこと。山火事にしては火の回りがあまりにおそいので、不審に思ってまず三人の消防団員が現場を見に登ったところ、やはり礼文岳の頂上が燃えているので、あとから登って来た二人の団員と力を合せて頂上に鉢巻状の防火線を切り、足や鉈《なた》で火を消しつぶしたこと。被害の範囲は意外にわずかであったこと。なにしろまあ、えらい大騒ぎだったなァ。ソ連の人工衛星には、ほんとにまあ驚いたぞい。

バスの震動に弾むようにやりとりされる、そんな話を、私は妙にうつろな、ぼんやりした気持で聞いていた。山火事の話も、もう聞いていて心に刺さってこなかった。まだ二晩しか島にいないのに、なんだかずいぶん長くこの島にいるような気がした。

スコトンのテントに戻ると、UとSが心配そうな顔で、二人の帰りを待っていた。彼らは深夜オートバイでやって来た船泊の高橋巡査から、親切な態度で調べを受けたそうである。私は夜中にテントの入口から覗いた善良そうなお巡りさんの顔を思い浮べ、それから、例の山本という意地のわるい警部補の顔をまた思い出した。警察を出るとき、いつ島を離れてもいいかと質問したが、彼はわざと言葉をあいまいにして、これからどうしろとも言わなかった。稚内に行く船が入ったとしても、それに乗っていいのやら、わるいのやら、私たちには判断がつかないのである。

その晩もテントの下は黒い海が拡がり、雲に見え隠れする月が物凄かった。海はやはり遅くまで外で鳴っていた。

朝になると、また子供たちのにぎやかな声で眼を覚まされた。みんなカバンを持っていて、これから学校へ行くところである。きのうやって来て大いに親しさが増したのか、口ぐちにあれこれ話しかけてくるのだが、早口なので、どうも言ってることがよく分らない。すごいマシンガントークで、

「オジサン、カラシノシトッテケレ」

なんて言うのがいる。

「なんだい、カラシノシって？」

「カラシノシダヨ、ワカンネノケ？　カ、ラ、シ」と音を切って、「カア、カア」と言った。

なるほど、私たちが登山ロープを持っているのを知って、それを使って崖にできたカラスの巣をとってくれ、と言っているのだ。

この子は、岬の突端の家の長男でセイジロウといった。賢そうな、しっかりした子で、小学校の生徒会の会長だそうで、部落の子供たちのボスである。学校が退けると、部落じゅうの男の子や女の子が遊びに来る。どの子もいたずらっ児《こ》で、人なつこくて、なんとも可愛い。セイジロウをはじめ、スギオ、ヨシカズ、エイコ、ツギオ、ユリコ、トンコ、そんな名前の子供たちが、とりわけ私たちと仲よしになった。

テントの訪問客は子供たちばかりではなかった。きのう私とHが香深の警察に行っているあいだに、部落のおとなたちも一人、二人とテントに訪問にやって来たそうである。なにしろこの岬にテントなんかが張られたのは、スコトンの部落はじまって以来のことなのだそうだ。部落の人たちはテントのことを幕舎《まくしゃ》と呼んだ。幕舎が気になって、どうも漁の仕事が落ち着いてできない、そんなことを笑いながら言って、ひどく好奇心にみちた顔でテントの中を覗き、寝袋などを見て、なるほどこれなら大丈夫だ、寒くて寝られんでねえかと心配だったもんで、と安心したように戻ってゆく人もあった。

みんな朴訥《ぼくとつ》で、善い人たちだった。朝、起き出して見ると、毎日テントの入口に魚がたくさん置いてあるのである。漁の仕事は朝が早い。それで、仕事に出かける前、私たちが眠っているあいだに、部落の人がテントにやって来て、魚をいろいろ置いていってくれるのである。タコ、イカ、カレイ、ナマコ、オオナゴ、ホッケ、アブラッコ、ガヤ……。毎日魚ばかり食べていても食べきれないくらい、ご馳走《ちそう》があった。顔が合ったとき、お礼を言うと、どの人も、子供たちがお世話になって、と、こちらが恐縮するような顔で言った。お世話になって、どころではない、遊んでもらっているのは私たちのほうなのである。

礼文岳の火事のことも、ここにいると別の島での事件のようであった。スコトンの人たちも山火事のことは知らぬはずはないのに、そのことは顔にもことばにも出さなかった。バスの中での話題といい、警察での取調べといい、私には礼文の島じゅうが私たちに対する怨嗟《えんさ》と憎悪《ぞうお》で充《み》ち満ちているように思われるのに、このスコトンの岬でだけは、それを感じないでいることができた。四人とも、バスの通る町や村に出ることが恐ろしかった。島の北の果てに追いつめられて身を潜めている犯罪者のような気持だった。

スコトンの人たちは、おそらくだれもが、そんな私たちの気持を推察していたのだろう。子供たちがお世話になって、などと言って、さりげなく、そうっと示してくれる親切には、遠くからやって来た客をもてなす好意と一緒に、私たちのそういう気持をかばってくれる思いやりが含まれていたのだと思う。毎朝テントの入口に届けてくれる魚は、もちろんどれも新鮮でおいしかったけれど、私たちは部落の人たちの温い心がどんなにありがたかったか知れない。とにかく、そうやって、子供たちと遊び、部落の人たちが届けてくれる海の幸をご馳走になりながら暮していると、山火事事件で受けた私たちのショックもしだいに薄らいでゆくようであった。

私たちは、テントの下にある、岬の突端の家の新山《にいやま》さんにいちばんお世話になった。新山さんは大家族で、家の構えも大きい。部落では、岬の突端を「サキ」と呼んでいる。サキは全部、新山さんの庭というより船着き場で、船が幾艘《そう》か置かれてある。食事を作るときは、いつも崖を刻んだ石段をおりて、新山さんの井戸に水をもらいに行った。海辺の井戸の水は、やはりいくらか塩辛かった。

部落の家屋は、このサキの家一軒を離して、陸地が海に突き出て細くなるその付根《つけね》の部分に集っている。戸数は全部で三十あまり。どの家も周りに冬囲い用の高い柵《さく》が組まれ、海と崖のほかは草地と笹の丘ばかりで樹木の一本とてない、広びろと淋しい風景のなかに身を寄せ合っている。部落の中央あたりに、ちいさな小学校があって、生徒の数六十人ぐらい、校長さん以下四人の先生が、スコトンや近くの白浜、アワビコタンなどから来る子供たちを教えているのだそうである。

子供たちと散歩に出かけたとき、部落からすこし離れたところにある墓地に行ってみた。ひらけた草原の中の、そこだけ草の生えていない空き地のような所だった。墓の石は、かぞえてみると十二あった。どれもそれほど古いものとは見えず、一つひとつ調べてゆくと、新山家の墓石の背面に明治三十三年の文字が刻まれていて、それがいちばん古いものだということが分った。

墓地の隅には、なにやら燃やした跡のような場所があった。よく見ると黒い灰や燃え屑《くず》のなかに、小さな骨のかけらが混じっているので、

「ここで、死んだ人を焼くのかい？」

と訊くと、

「んだ」

そうだと首を頷かせて、子供たちは答えた。これは、どこどこのだれだれさんの骨かもしれんな、子供たちは無邪気な顔でそんなことを言って、燃え屑のなかから二つ三つ白い破片を拾い出して、私に見せた。死んだ人間のものをいじくる、いやな様子などすこしもなかった。

その日は、子供たちと一緒に、半島の付根の丘陵をなすテップの山にも登り、そこから西の海に突き出たゴロタ岬の断崖の上まで行ってみた。まだ小学校にあがっていないトンコも、姉のユリコに手をひかれて、子供たちはみんな元気に笹の丘を歩いた。海に向って切れ落ちたゴロタ岬の絶壁は物凄かった。岩の上でセイジロウと手をつなぎ、海を覗かせて、怖くないかと訊けば、「なんも」と、彼はさすがにボスらしい貫《かん》禄《ろく》を見せた。「なんも」は「んだ」の反対で、ノーの意味である。子供たちの会話には、この「んだ」と「なんも」がじつによく使われた。

「おじさん、この花なまえ知っるけ？」

と、子供たちが訊けば、「なんも」と私が答える。濃い空色の、派手なエンゴサクのようなその花を、子供たちはアメフリバナだと教えてくれた。テップの山のかえり、私たちは半島の西側のアワビコタンの部落にも寄って、それから、摘めば雨が降るというそのアメフリバナを摘みながら、草原の丘の道をスコトンに戻ってきた。

その晩は、部落の岩城《いわき》さんという家から四人で風呂によばれた。岩城さんのご主人の徳蔵さんは、部落のほかの人たちと同じように最初は口の重い人だったが、私が風呂をすませ、お茶をいただきながら対座しているうちに、だんだんと口がほぐれだして、この部落の生活のことや漁の仕事のことなどを、ぽつぽつと話してくれた。ここの海では、むかしはニシンがたくさん獲《と》れたけれども、それがちかごろではさっぱり獲れなくなったこと。いまでは昆布も量が減って自由に採ることは許されなくなり、漁民の生活は苦しいこと。若い者は島をすてて、よそに行ってしまうのが多いこと。そういうことを、ことば少なに語る徳蔵さんの顔は明るいものではなかった。

外に出ると、サキにまで引いてある高い電線が風にヒューヒューと泣いていた。崖の下の暗い海に、部落の人が汐光《しおびか》りと呼んでいる白い光がときどき、キラッとひかった。夜光虫らしかった。

海が荒れ気味のせいで、船はなかなか来なかった。岬のテントで島に船の入る日を待ちわびながら、私たちは小学校の電話を借りて、船泊の船会社の事務所に問い合せた。風が強いので予定の船が欠航しているとのことだった。強風注意報がよく出た。

そんな日の午後、営林署の船泊担当区の人がやって来て、礼文岳の被害調査に立ち合ってもらいたいと請《こ》われた。立会人は一人で結構だと言うので、私が行くことにした。オートバイの後ろに乗せられて内路に行き、ここで香深担当区の職員が二人加わって、私は三人と一緒にまた礼文岳に登った。三人とも親切な人たちで、休むときに私にチョコレートなど出して気を遣ってくれ、私はいたわられている罪人のような気がした。

山はなにも変った様子は見えなかった。ただ頂上が近づくと、偃松に包まれたドームの頭の片側の部分が黒くなっていて、その部分を区切るように細い帯のような防火線が水平に切られていた。頂上に着くと、営林署の人たちは巻尺を出して被害範囲を測った。頂上の三角点を中心にして北東一〇度から八〇度、そのあいだ半径二一・五メートルから三三・五メートルの範囲の偃松の斜面が、黒く焼け焦《こ》げていた。私は、仲間の四人で腰をおろした頂上の東側にあたる部分の場所を調べてみた。そこは火災の範囲をまぬがれていて、短い煙草の吸殻が三つ落ちていた。どれも下の岩にこすりつけて火を消したような、つぶれた痕《あと》が残っていた。三つとも、あきらかに私たちのものである。あの日、西風が強かったから、私たちはこの東側の斜面に風をよけて、腰をおろしたのである。それならば、頂上の東北部で火が起きたというのは、どういうわけなのだろう。私たちの煙草の火が原因なら、まずその周りが焼けていなければならないはずである。あるいは、なにかのはずみで、火が風に飛んだのだろうか。

しかし、そんなことは、もう私にはどうでもいいような気持だった。犯人がだれであるにせよ、あんなに島じゅうを騒がせた火事が、こんなに小範囲ですんだのは不幸中の幸いだったというべきではないか。

下山の途中でひと休みしたとき、私は営林署の三人に向って言った。

「山火事の犯人はぼくたちだということで構いませんよ。これでもう島からは離れてもいいんでしょう？」

「結構ですよ。東京から礼文に出頭しろなんていう通知は行きませんから」

船泊の担当区の人がにこやかな表情でそう言い、さらにつづけて「とにかく山の火事は怖いですよ」と、これはまじめな顔でつけ加えた。

その翌日、あしたは利尻からの船が入りそうだと知らせがあり、サキの新山さんが、よかったら海馬島《とどじま》に船を出してあげよう、と誘いをかけてくれた。海馬島は、スコトン岬の先端から北に一キロほど距てた小島である。岬からすぐ眼と鼻の先に眺められ、テントからは毎晩、島の灯台の赤い灯が見えた。せっかく日本最北の島のこの北端の岬までやって来たのに、その先にまだ一つ小島があるというのは、やはりいくらか気になることだったから、この新山さんの誘いは、私たちにとって、まさに文字どおり渡りに舟だった。

この日は、テップの山のむこうに利尻岳も勇ましい姿を現し、私たちがこの島に来てから初めての青空だった。私たちは新山さんの庭の船着き場から、仕事に行く若い家族の人たちと一緒に、北栄丸という名のポンポン船に乗った。普通の小船に発動機を取り付けただけの北栄丸は、速い潮の流れを勇敢に横切って進んだ。島の岩かげの小さな入江に入り、そこで私たちをあげると、新山さんの家族は三時間もしたら迎えに来ると言って、船は私たちを島に残して仕事場の沖に遠ざかって行った。

船が迎えに来るまでのあいだ、私たちは海馬島のすみずみを探り回って充分に遊んだ。草原の丘にある小さな無人の灯台は、昭和三十四年十一月に建てられたものだそうである。島の周囲は入江が多く、そのそこここに、漁仕事のために人が住みに来る粗末な小屋が造られていた。島の西側に下ると、そこは奇怪な節理模様をえがく広い岩板状の壁が露出していて、その岩壁の裾を水ぎわに沿って北のほうに回ってゆくと、頭上の壁はますます高くけわしくなり、探検的な気分がひどく私たちをよろこばせた。

岩かげの静かな入江で遊び、草の丘に腰をおろして、私はスコトン岬もこれでもう思い残すことはないと思った。思えばなにもかも充分すぎた。仲よしになった子供たちのことも。部落の親切な人たちのことも。まわりの丘や海のことも。とりわけ、ありがたかった毎日の新鮮な魚のご馳走のことも。

その翌日の昼過ぎ、私たちは住み馴《な》れたような気持のするスコトン岬を去りがたい思いで、テントをたたみ、持ってきた世帯道具の荷造りを済ませた。子供たちが今日もやって来て、一時間ばかりいつものように一緒に遊んだが、そうしているうちに別れの思いがいっそう募ってきて、つらかった。荷物をかついで部落を通ると、会う人ごとに「また来いよ」と言ってくれる。送ってきた子供たちとは部落のはずれで別れたが、ただスギオだけが一人でトンネルのところまで後についてきて、そこで私が「さよなら」と言うと、さびしそうな顔で黙って背を向けて、そのままいま来た坂道を戻って行った。

白浜の部落の先で、通りかかった一台の小型のトラックにひろわれ、人なつこいそのトラックの人のすすめで、その晩は船泊のその人の家に泊めてもらい、翌朝早く、町はずれの埠頭から出る東洋丸という木造の貨客船で、私たちは礼文島を離れた。船が沖に出てからも、島はなかなか遠くならない。利尻もよく見えた。利尻岳は相変らず勇ましい姿を海上にそびえ立たせているが、初めて見た日よりも山の雪はだいぶ少なくなったようだ。

東京を出てから、なにしろもう一ヵ月が過ぎようとしていた。

解説　山の紀行文と「青春の書」

今回、紹介する『山頂への道』について解説する前に、やはり山口耀久の名著『北八ッ彷徨』と『八ヶ岳挽歌』の二冊にふれないわけにはいかないだろう。

戦後の山岳文学の最高傑作とまで称される『北八ッ彷徨』は、一九六〇年、創文社から出版されたものだが、その初出のほとんどが一九五〇年代後半から六〇年にかけて、山の文芸誌「アルプ」と獨標登高会の会報に発表されたものだった。当時、山口は三〇代の前半で、その初々《ういうい》しい感性が随所で発揮され、おおらかな北八ツの風情《ふぜい》がみずみずしい筆致で描かれていた。その表現力は見事というほかなく、だから世代を超えて支持され続けてきたのであろう。しかし、この名著も何度か版を重ねたのち、かなり長い間品切れの状態が続いていた。

『北八ッ彷徨』が「定本」として、平凡社から復刊されたのは二〇〇一年一〇月のことであった。さらに続編ともいわれる『八ヶ岳挽歌』が二カ月後、ほぼ同時に出版された。その初出は、やはり六〇年代の「アルプ」がほとんどで、構成にも類似性が見られるが、驚いたことに『北八ッ彷徨』から『八ヶ岳挽歌』が出るまで実に四〇年の歳月を要しているのだ。この間、長野と山梨の県境をまたぐ八ヶ岳は大きく変貌《へんぼう》しつつあった。「開発」の名のもとに自動車道路やロープウェイが出現し、周囲の様相を一変させてしまった。そうした現実に直面して、山口の筆は止まってしまったのである。書き下ろしの「八ヶ岳挽歌」の原稿がやっと脱稿したのは、その年の六月のこと。何度も推敲《すいこう》を重ね、それでも満足せずに長い間出版をためらっていたように思われる。いかにも表現に厳しく妥協を許さない山口耀久らしさがうかがえる。

長年、私は何度も山口の家をたずねている。大森のマンションだったり、久我山のアパートだったりしたが、いつも執筆の依頼は断わられていた。しかし、山口はいつも訪問を喜んでくれて、山の話がはずんで毎回楽しいひとときを過ごさせてもらった。そしてやっと実現した企画のひとつが、三〇年ぶりに北八ツの雨池を再訪してもらうというものだった。水を満々と湛《たた》えた雨池の景観や鮮やかな紅葉が実に美しく、のちに「挽歌」に掲載されたその記述に、私はほっと胸をなでおろしたものだった。

こうして二冊の「八ヶ岳」の本が刊行されて三年後、ここに紹介する『山頂への道』が、同じ平凡社から出版された。出来上がった三冊は、それぞれに四六判上製の箱入りという体裁で、価格帯もページ数もほぼ同じだが、『山頂への道』は前二作とは多少とも内容も趣も異にするものだった。紀行と評論、そして人物論などで構成されていて、特に登山評論に関する文章は、「登山の批評よ起れ」「山の文章」などと正面から山と文学に切り込んでゆくような論考が続き、また人物論も尾崎喜八、辻《つじ》まこと、深田久弥などと多彩な構成になっている。一方で、紀行は、質の高い文章が並び、その大半は「八ヶ岳」の二冊と同様、青春の香りに満ちたものであった。

山口が、本書に収録している「スコトン岬」を発表したのは、一九六四年の「アルプ」の誌上だった。山口は、獨標登高会という社会人山岳会で活動していたころで、意欲的な山行も計画され、また「アルプ」への寄稿も盛んに行なっていた。この作品も、礼文島の北部、「スコトン岬」で起きた頂上での不可解な山火事事件を小説風に仕立てた紀行文になっている。また「アルプ」の最終号に掲載された「愛宕山《あたご》」は、東京・港区芝にある男坂の石段登りに挑戦する話で、気負いのない文体がとても好ましく、私の好きな文章のひとつでもある。山口の表現へのこだわり、紀行文への思い入れが随所に感じられる作品に仕上がっている。

この三冊が出版された後も、私の山口耀久通いは続くことになった。長期にわたる手直しや新たな執筆を終わらせて少し肩の荷が下りたのであろう、やっと「アルプ」をテーマにした雑誌の連載に応じてもらった。月刊誌に一五回の連載が続き、その終了後はすぐに単行本として出版するはずだったのだが、それからさらに六年後の二〇一三年まで待たなければならなかった。酒が長い年月を経て発酵してはじめて良酒となるように、長期間にわたる資料調べや表現方法の模索、組み立ての吟味に、相応の時間が必要だったということであろう。すでに住まいは久我山のアパートから武蔵野台の団地に移っていたが、長い難産の末に、山口の久しぶりの著作である『「アルプ」の時代』が山と溪谷社から上梓《じょうし》された。

この本のなかで、特に山口が重視していたのが、山の紀行文と感性だった。未知の山が多く残っていたころは、その山へ行った体験を語るだけで、新鮮な驚きと喜びを綴《つづ》ることができた。しかし時代が移り、通常は年齢とともに感性も鈍麻し、類型的にならざるを得ない。そこをなんとか打開しようと、山口はいつも模索していたような気がする。

山口耀久の山岳紀行は、しなやかでありながら鋭い感性と、時の経過とともにその輝きが増してくるような、洗練された「青春の書」として完結された。自然との交歓を深め、思索し、表現することの大切さを、そっと示唆《しさ》されているのだ。

第三章　山に思い募らせて——深田久弥外伝

日本百名山　近藤信行

近藤信行（こんどうのぶゆき・一九三一～二〇二二）
東京生まれ。文芸評論家、作家。早稲田大学文学部大学院修士課程修了。中央公論社で「中央公論」「婦人公論」などの編集に携わった後、文芸誌「海」の創刊編集長。同社退社後は、文芸評論家として活動。大佛次郎賞（一九七八）を受賞した『小島烏《う》水《すい》 山の風流使者伝』の他、『山の旅』『安曇野のナチュラリスト田淵行男』など編著書多数。

昭和三十三年のヒマラヤの旅は、その成果として深田久彌に『氷河への旅』『雲の上の道』の二冊をもたらしたが、そのあとにつづいたのが「日本百名山」の執筆であった。ヒマラヤから帰って日本の山がますます好きになったと口ぐせのように語ってきた彼は、氷雪におおわれた荒々しい山々を眺めた眼で日本の山々をあらためて見つめはじめるのである。「日本には四千メートル以上はないし、氷河のある山もないが、その代わりいろいろな種類の山に恵まれている。森林あり、渓谷あり、高原あり、火山あり、褶曲《しゅうきょく》山脈あり、秩父古成層あり、石灰岩ありといった具合で、しかも千差万別の美しい山容を持ち、古い歴史を持っている。登る山に事欠くことはない」という文章にあらわれているように、彼は日本の山々に想《おも》いをめぐらし、永年の登山体験をふまえて山との対話をくりひろげたのであった。

「日本百名山」は雑誌「山と高原」に連載された。昭和三十四年三月号から三十八年四月号まで、一回二座あて五十回にわたって書きつがれ、再編成されて三十九年七月、新潮社より刊行された。「日本百名山」執筆の構想が戦時中からなされていたことは、さきに述べたとおりだが、この時期にいたってようやく機が熟したといえるかもしれない。それも「ヒマラヤの高峰」や「シルクロード」執筆と並行してつみかさねられていったのである。

鳥海山、男体山を第一回として、蓼科山《たてしなやま》、石鎚山《いしづちさん》、岩木山、開聞岳《かいもんだけ》、燧岳《ひうちがたけ》、雲取山、苗場山、瑞牆山《みずがきやま》、磐梯山《ばんだいさん》、甲武信岳《こぶしだけ》、大朝日岳、高千穂峰……と書きすすめられていく。みなそれぞれに想い出のふかい山々であった。日本百名山の主題は二十年あまり深田の胸中にあたためられてきたものだけに、かなりの腹案があったのであろう。一座五枚という枠のなかで、山名についての考証、その歴史、詩歌、先蹤者《せんしょうしゃ》の記録、山の姿、そして著者自身の登山記をふくめてすべてが簡潔な文体で書きはじめられた。そこには山肌にふれたときの感触と感動のひしひしとせまるものがあった。担当編集者の「五枚じゃ短いから長く書いてくださいとお願いしたら、それ以上長くするとだれるからいやだといっておられた」という証言（「山と高原」昭和三十六年三月号）があるが、深田は凝縮した表現で名山の姿をこつこつときざみこんでいった。

この連載記事の執筆にあたって、深田久彌が描く対象の第一条件としていたものは、自分が頂上をきわめ、自分の眼で確かめた山であることであった。したがって登りのこしている山、初見参の山をふくめて、各地の山々の取材登山がはじめられる。ヒマラヤのスライドをたずさえた講演旅行は、そのまま名山探索の旅につながるものとなった。三十四年八月の北海道東北部の山旅は「日本百名山」の第十五・斜里岳の記述（同年十月号）につながり、阿寒岳（第三十八）、羅臼岳《らうすだけ》（第五十四）、そして帰りがけにその頂をふんだ後方羊蹄山《しりべしやま》は第二十五番目に書かれた。さらに翌三十五年九月、北海道の山旅に二十日間をついやすが、その結果、利尻岳、十勝岳、大雪山がえらばれることになる。

このように昭和三十四年以降の深田久彌は、「日本百名山」探索のために未知の山々へ出かけることが多くなった。もちろん曾遊《そうゆう》の地におもむくこともあったし、選定規準にかなわぬ山々もあった。「日本百名山」完成の志が深田を動かして山へかりたて、彼は自分の足で、自分の眼でたしかめた山々をひとつひとつ描きこんでゆく。この点、『わが愛する山々』『山があるから』『山岳遍歴』におさめられた山岳紀行文は、「日本百名山」探索の副産物的な要素をもっていて、あわせよむとこの時期の深田の姿がいっそうあきらかになってくる。

たとえば第三巻（編注：『深田久彌・山の文学全集』朝日新聞社刊）所収の「後方羊蹄

山」をひらいてみよう。札幌狸小路《たぬきこうじ》の古本屋で松浦武四郎の『後方羊蹄日誌』をみつけて、ふところぐあいを慮《おもんぱか》るところがある。「汚れた大衆食堂へ入って、三人でジンギスカン鍋《なべ》というものを食ったが、その間も私の頭から『後方羊蹄日誌』が離れない。とうとう食事をすますとまた古本屋へ引返した。言い値通り買うと、主人は恐縮して手拭《てぬぐ》いを二本景品にくれた。……買う時はゲルが惜しくても、あとになって買ってよかったと思う本がある。松浦武四郎の『後方羊蹄日誌』もそれであった。」

こんな筆さばきで自分の興味のありかを率直に書いているのだが、このような例はすべて「日本百名山」完成につながっていくのであり、彼の山岳研究にかかわってゆくことは言うまでもない。長年月の蓄積をふまえ、あるいはあらたな実地見聞をふまえ、ひとつの意図のもとに稿を書きすすめては考え、書きながらものをつくっていく。これが深田久彌の制作のパターンであった。そこにはなにがとびだしてくるかわからない、未知への挑戦があった。その仕事のすすめ方は学者や評論家のそれではなく、あくまで作家のそれであった。

昭和三十六年三月、「日本百名山」の連載がようやく半ばに達したとき、この企画は「山と高原」の第一回読者賞にえらばれた。この月、深田は「北岳」と「丹沢山」を発表するが、読者賞の決定を機に、おなじ号に川口邦雄（編注：山岳写真家）ら読者と編集部の「日本百名山」をめぐる座談会記事が掲載されている。これによると山好きの青年たちが毎号いかに胸をふくらませて深田の記事を待ちかまえていたかがわかる。なにげなく登っていた山が深田の文章によって再認識、再評価させられるという楽しさ、つぎにどんな山が出てくるかという期待などが語られているのだが、そこには深田の眼のたしかさと簡潔な文章表現が、読者にあらたな視野をひらかせたといえる。おなじ誌上で深田はつぎのように書く。

「私の『日本百名山』もようやくその半ばに達した。あと五十座、完成するにはまだ二年ほどかかろう。

百名山の予定リストは大よそできている。しかしその中にはまだ私の登っていない山がある。例えば、日高の山、飯豊山《いいでさん》、大山《だいせん》、大峰山《おおみねさん》など。それら取り残しの山をこの二年のうちに登るつもりである。

百名山の選定については、各人の意見があろう。私は私の見方で選ぶので、これが公平な標準とは思っていないが、少なくとも自分の足で頂上を踏み、自分の山を確めた上でなければ、書かないことにしている。」

これは「日本百名山」の執筆過程にあって、後半へつなぐ大いなる抱負であった。百の山を選ぶためにはその数倍の山に登ってみなければならないというほどであったから、実地踏査をふまえた「名山選定」はなみなみならぬ大事業だったのである。深田久彌が名山選定のための三つの規準をあげたのはこのころのことである。その当初から内に秘めていたものであったろうが、公《おおやけ》に発言しはじめたのは、私の知るかぎりでは、この年の六月四日、上高地におけるウェストン祭のときであった。

この日はウェストン生誕百年を記念し、小雨降る小梨平のセントラル・ロッジで日本山岳会主催の講演会がひらかれた。この模様については第四巻所収の「ウェストン祭」に描かれているが、藤木九三《くぞう》、日高信六郎、橋本龍伍《りょうご》、岡村精一、尾崎喜八、串田孫一、横内斎らとともに彼は演壇に立った。講演の内容は、個性的な山登りを発見せよ、独創性をもてというものであった。晩年の三十年間、グリンデルワルトに過ごしてその山域から出ようとしなかったクーリッジのこと、たえず未知の世界をもとめてきたシプトンやティルマンのような登山家の話から、いわゆるピーク・ハンターや、絶対に頂上をふまないという不思議な登山者のことなどにおよんだ。いわば登山者の型態観察への興味からでたものであって、要は自分自身の山登りを発見せよと若い聴衆に訴えていたのである。

この話を枕《まくら》とし、つづいて彼の口から出たのは、のちに『日本百名山』後記で書かれることになる「名山論」であった。自身の仕事に託してつぎの三つの選定規準があげられた。

一、気品のある山であること。人間に人格があるように、山には山格がある。

二、一五〇〇メートル以上の山であること。背が低くては私の好みにあわない。

三、強烈な個性をもつ山であること。たとえ高さは低くとも荒船山や開聞岳のような山はこの範疇《はんちゅう》に入れたい。

第二項はのちに修正されて、「山の歴史」が強調されることになり、高さは付加的条件としてあげられる。『日本百名山』では開聞岳、筑波山は選ばれたが、残念なことに荒船山ははいらなかった。「予定リストは大よそできている」といいながらも、百名山の選定にはなおも長い歳月をかけなければならなかったのであろう。たのしみであると同時に苦しい作業であったにちがいない。「日本百名山」連載は、筑波山、富士山で完了することになるが、それを書きおえたとき、彼は満六十歳であった。単行書として刊行するまでの一年間に、さらに推敲《すいこう》がくわえられ、後記にみられるような確たる選定規準によって山のさしかえもおこなわれた。たとえば連載第九十八番目に登場した有明山では「今まで取り上げた山は、一つ残らずその頂上に立ったが有明山だけはついに未登のまま書くことになった。今年の春にはぜひ登るつもりであるが、現在その道がひどく荒廃していると聞いている」とあるように、この由緒《ゆいしょ》ある信濃富士はついにまだ登っていないとの理由から削除された。

「最初に私は百名山候補のリストを作って、その中から選択していった。七十パーセントくらいは問題なく通過したが、あとは及落すれすれで、それを篩《ふるい》にかけねばならぬのは、愛する教え子を落第させる試験官の辛《つら》さに似ていた」と心情を吐露しながら、その山を眺めただけで「実際に登っていないという不公平な理由で除外したことは、それらの山に対してはなはだ申しわけない」と書いている。北海道のニペソツ山も越前の笈《おいずる》ヶ岳《たけ》も『日本百名山』完成後にその頂を踏んだ山だが、ぜひともくわえたかった山であろう。

深田久彌は少年時代から日本の山々をのぼりつづけてきた。『わが山山』以来、山の文学者としての業績はこの『日本百名山』によって集約されたといえるだろう。だれしも彼の選択になる百名山について批評することは容易だが、著者の審美眼と批評精神と、山にたいする深い愛情があいまって、みごとな完成をしめしたものであった。その後記に「私の選定には異論もあろう。殊に人は自分のよく知っている山を推して名山とするが、私は多くの山を比較検討した上で決めた。もちろん私の眼は神の如《ごと》く公平ではない、私に自信をもたらせてくれたのは五十年に近い私の登山歴である」とあるが、この人を得てはじめて可能な著作であった。

わが国には、古来、多くの詩歌に山が詠みこまれ、名山記や名山図会《ずえ》のたぐいがあって、日本人の山との因縁のあさからぬことを知るのだが、『日本百名山』はそのような系譜の上にきずかれた山岳文学の傑作なのである。

十八世紀の医家であり旅行家であった橘南谿《たちばななんけい》に「名山論」(『東遊記』後篇)があり、「今此所《ここ》には仰望《あおぎのぞ》む所を論ずるのみ」として、富士山、加賀白山、越中立山、霧島山、雲仙岳、鳥海山、月山《がっさん》、岩城山、岩鷲山《いわわしやま》、桜島山、海門岳などがとりあげられているが、それらの多くは街道筋から眺めることのできる日本特有の火山であった。登山行為とはかかわりのない風景美としての印象がのべられていたにすぎない。『日本風景論』の著者志賀重昂《しげたか》はそれを援用して名山とは火山の別称であるといい、日本独自の景観をのべてきた。江戸後期の画家谷文晁《ぶんちょう》は『日本名山図会』のなかに九十座を描いて、北海道から九州にわたる足跡をしめしたが、それも登山の気風とは無縁であった。もちろん、その当時にあってはほかの高山大岳の存在を知るはずもなかった。明治の中葉以後、『日本風景論』の影響下にあって登山の気風がおこり、高頭仁兵衛《たかとうじんべえ》によって厖大《ぼうだい》な『日本山嶽志《さんがくし》』が編纂《へんさん》されたことは、登山を志すものにとって画期的な事件であった。しかしまだまだ暗中模索の時代の産物であり、多くは地誌類の集成でしかなかった。

これまで「日本百名山」の執筆経過を中心に、深田久彌の山によせる志をのべてきたが、これはあらゆる点から山との対話をくりかえし、実際にその絶頂を踏んで確かめた、選ばれた百座であるところに特質がある。その後記は著者の意図をあますところなくつたえているが、山の品格、山の歴史、山の個性という三つの選定規準が成立し得たのも、彼のなかに山にたいする総合力があったからであり、そして世界的な視野のなかでそれを駆使することができたからである。

山の品格という点についていえば、深田久彌はしばしば山を人間化して眺めてきた。そして自身の感動を「倦《あ》かず眺める」ことにおいて表現してきた。若年のころから山岳風景に興味をいだいていた彼は、くりかえしこの意味を説いてきたのである。擬人化して山を語ったのは、もちろん彼ばかりではない。小島烏水は槍ヶ岳について「風骨珊《さん》として秋に聳《そび》えたる清痩《せいそう》の高士の如し」(「鎗《やり》ケ岳《たけ》探険記」)と形容し、木暮理太郎は金峰山について「世に男の中の男を称《たた》へて裸百貫といふ諺《ことわざ》があるが、金峰山は何処《こ》へ放り出しても百貫の貫禄《かんろく》を具《そな》へた山の中の山である」(「秩父の奥山」)と書いたほどであった。中村清太郎が黒部五郎岳を「不遇の天才」にたとえたのも、深田が黒岳に「俗塵《ぞくじん》を払った仙境に住む高士のおもかげ」を見出《みいだ》したのも、おなじような人生観照の文学的表現であった。

名山選定規準の第一に深田はつぎのように書く。

「その第一は山の品格である。誰が見ても立派な山だと感嘆するものでなければならない。高さで合格しても、凡常な山は採らない。厳しさか強さや美しさか、何か心を打ってくるもののない山は採らない。人間にも人品の高下があるように、山にもそれがある。人格ならぬ山格のある山でなければならない。」

このような発想は山を人間化してみるという点で、深田久彌の山岳景観論をさらに深めていったといえるかもしれない。すぐれた文学作品に人間の内面が描かれて人間の真実に迫るように、彼は山にむかってその実態を探り、おのれの真情を告白しているのだ。『日本百名山』はひかえめな言葉のなかに愛情ときびしさと、敬虔《けいけん》な祈りがこめられている。

深田に「山格」説をもたらしたのは、金沢仲間の一人としてしたしく交際してきた福田宏年であった。そのとき、深田家で私も同席していたのだが、旧制松山高校に学んだ彼は、名物教授として知られた北川淳一郎の持論を深田につたえたのである。剣《つるぎ》山《さん》を好んだ北川は「浮世の苦楽を嘗《な》め尽した老親鸞《しんらん》の山だ」（「四国剣山」）と書いたことがあるように、山そのものに人生の内面的変化をよみとっていた人であった。教壇では口ぐせのように「人に人格があるように、山には『山格』がある」ことを生徒に教えてきたし、福田がその口吻をつたえると、深田は共鳴していた。北川淳一郎の「四国山岳縦横」の冒頭に「すべての山にはそれぞれの個性、即《すなわ》ち人に人格があるように『山格』がある。人間の顔が人によって異なるが如く、山の形態もまた千態万様であり、人間の性質が一人一人みなちがっているように、山から受ける私たちの感じも、また一つ一つ異なったものである」とあるが、ともかくこの名物教授の持論を素直にむかえいれ、自家薬籠中《やくろうちゅう》のものとして批評眼を養ったことは、あらたな山岳景観論を展開したことになる。取りいれることの早さ、しかもそれを自分の創《つく》り出した言葉としてつかっている。若いころからの深田流手法である。

深田の山の好みからいえば、北アルプスでは鹿島槍岳、南アルプスでは仙丈岳というように、審美眼にひとつのスタイルをもっていたことがわかる。しかし美ヶ原に広さと眺望をみとめ、霧ヶ峰に遊ぶ山の楽しさをみとめるのは、彼の包容力の大きさを物語るものだ。

それは山岳人のだれもがもちあわせるというものではない。山格、歴史、個性、そして高さ、この視点からみつめた『日本百名山』はすぐれたマウンテニアーの生きた証左というべきものなのである。それだけに深田久彌の山の文学の集大成として、後世に読みつがれる作品であろう。

『日本百名山』は昭和四十年二月、第十六回読売文学賞（評論・伝記部門）を受賞した。このときかつて改造社の同僚であった上林暁《かんばやしあかつき》は『白い屋形船』で、義弟にあたる中村光夫は『汽笛一声』で、それぞれおなじ栄誉に輝いたが、深田久彌の起伏ある人生のなかでもっともよろこばしい時期であったにちがいない。選考委員の一人、小林秀雄は「山を対象にした批評文学」と題してつぎの選評を書いた。

「評論の部では、私は、深田久彌氏の『日本百名山』を推した。これは、近ごろ、最も独特な批評文学であると考えたからである。批評の対象が山であるという点が、たいへんおもしろいのである。著者は、山を人間と見なして書いていると言っていいのだが、山が人間なみに扱えるようになるのには、どれほど深山の山々と実地につき合ってみなければならなかったろう。著者は、人に人格があるように、山には山格があると言っている。山格について一応自信ある批評的言辞を得るのに、著者は五十年の経験を要した。文章の透逸は、そこからきている。私に山の美しさを教えたのは著者であった。二人で谷川岳に登ったのは昭和八年であった。憶《おも》えば古い話だが、そのころから著者の仕事は、もう始まっていたのである。自分の推薦に対しほとんど全委員の賛同を得て、わが事のように嬉《うれ》しかった事を憚《はばか》りながら付記して置きたい。」(「読売新聞」昭和四十年二月一日付夕刊)

深田久彌の日本の山々にかんする文章のうち、本巻(編注:『深田久彌・山の文学全集』第五巻)には『日本百名山』を中心に、戦後、とくに昭和三十年代以降の評論および随想をおさめた。「山によせて」のなかの歴史や文学にたいする関心、山の先輩友人たちへのあたたかいまなざし、「山の本と映画」にみられる山とそのすべてのものへの無限の興味……、この巻には山岳人深田久彌の全体像がよくあらわれている。北アルプスを語って、かずかずの山行の想い出が堆積《たいせき》されていることをのべ、「私の人間形成にどれだけその感化を受けてきたことであろうか」と謙虚に自省していた彼は、すぐれたマウンテニアーであった。山が深田久彌その人をつくったといってもけっして過言ではない。

「山は私の人生の何分の一かの時間を占めた。それに悔いはないが、肝腎なのはそれが私の成長にどれだけ役立ったかということである。……それから摂取し、蓄積し、それがエネルギーとなって再び有意義に発散するものであらねばならない」という文章を「山と還暦」によむことができる。　彼は山そのもののなかに人生を見出し、自己を鍛えあげてきた稀有《けう》の人であった。

本巻のエッセーで、冒険の精神を説き、反文明的な山男のこころいきをのべているが、それはとりもなおさず彼の持論である個性的な登山の発見につながるものであり、独自な生き方の主張であった。さきにのべたように『日本百名山』を書きおえたのは、彼がちょうど還暦をむかえたときであった。「第二の人生のスタートにつこう」と語っていた深田久彌は、このあとさらに中央アジアに夢をふくらませていたのである。

深田久弥氏のこと　藤島敏男

藤島敏男（ふじしまとしお・一八九六～一九七六）

神奈川県生まれ。銀行家。日本山岳会名誉会員。第一高等学校在学中に登山に傾倒。東京帝国大学法学部を卒業後は日本銀行に入行。パリ駐在中はヨーロッパ・アルプスにも親しむ。晩年は深田久弥の登山仲間として多くの山行に同行する。長男は作家の藤島泰輔、孫はジャニーズ事務所社長の藤島ジュリー景子。

茅《かや》ケ岳《たけ》へ登るについて、日帰りを好まない僕達はどこか泊場をと探がした結果、穴山鉱泉の宿を甲府の山村正光君が予約しておいてくれたので、初日はそこで泊ることにした。

穴山駅から五分もかからない鉱泉宿へ、東京から直行するのも、あんまり芸がない、すこし歩いて行こうということになって、三月二十日おひる頃、韮崎《にらさき》で下車した。駅前通りで昼飯をすませ、裏の台地に上った。釜無《かまなし》川と塩川とに浸蝕《しんしょく》され、地図に七里岩と記《し》るされているところだ。右手には八ケ岳から秩父連山、左手は雪の光る鳳凰《ほうおう》連山が眉《まゆ》に迫る。そんな景観をたのしみながら、桑畑だの雑木林のあいだを漫歩し、新府城趾《じょうし》の丘にも立寄って、宿へついたのはまだ四時前であった。

汗を流したあとのビールがうまかったのは、いうまでもない。甲府へ戻って翌日出直してくる山村君を交へ、夕食は賑《にぎ》やかで、たのしいものだった。

まづビールが二人に一本と少々、地元の日本酒は「七賢」というのがうまいとのことで、めいめい銚子二本、あとで各自持参のウイスキーを水割りで一杯。なぜこんなことを明細に記るすかといえば、深田君が倒れたあと、前夜のアルコール摂取量について、しばしば質問されるからである。これはゆっくり食事をしながらの分量としては決して多すぎるとはいえない。まして日頃から酒のきらいな方でない深田君にとっては、物の数《かず》ではない、というような量であったろう。

その朝高尾発九時二十五分でも、やはり早起きしたのだから、山村君が甲府へ去ると、われわれは早速横になった。

そしてさわやかな春分の日の朝を迎へた。たっぷり眠ったあとの気分はすがすがしい。二台の車に分乗して出発（八時十分）、韮崎へ出て塩川を渡り、おそ咲きの梅、アンズの花咲く山村をいくつかすぎて、バスの終点柳平《やなぎだいら》、車道をさらに四キロ、大明神開拓部落まで入った（八時二五）。茅ケ岳を真正面にみる。

ひらけたカヤ場をすぎてから、せまい谷合いのゆるい登り、女岩《おんないわ》へついてふりかえると、鳳凰連山の雪が眩《まぶ》しいほどだ。ゆっくり休んでいよいよ頂上直下の鞍部《あんぶ》まで、最後の登りにかかる。傾斜はやや急になり、歩きづらいほどの落葉をふんで、明るい疎林《そりん》の中を、登りきって尾根に達した（十時五〇）。

頂上まで十五分と認《したた》めた小さな立札がある。標高千六百mぐらいであろうミズガキ山、小川山、金峰国師、遠い大ボサツ連嶺《れんれい》、富士は大空に浮んだように高く望まれる。開拓部落から此処《ここ》まで二時間余、そのあいだで三回の休止、息せき切って我武者羅《がむしゃら》に登ってきたわけではないが僕達はこの鞍部で、ゆっくり腹ごしらえをしたり、目の前にみえる観音峠に通じた、自動車道の無残な傷痕《きずあと》に憤慨し、世の観光開発の愚を論じたりしてまた三十分も腰をすえてしまった……。

それから「さあ、こんどは山頂の罐《かん》ビール乾杯だ」と登り始めたのが十一時二十分。僕は五番目だった。少し離れて深田君がつづき、しんがりは山村君。三分か五分か、うしろのふたりの話声の中に、イワカガミというのが、僕の耳に入ったので、今の季節に何だろうと、足許《あしもと》をみたのをおぼえている。その途端に「戻って下さーい」との呼び声、僕は先行した仲間に声をかけて、バタバタとかけおりた。何秒というあいだである。ほかの仲間もすぐ下りてきた。

足を踏み出したままの姿勢で、巨木のように倒れ、深田君は一瞬にして意識を失ってしまったのだ。つまずいたのか、滑ったのかと駆寄った山村君は深田君が大きなイビキをかいたので、これは脳出血に違いないという。

まったく思いもかけぬことが、なんの前兆も予感もなく、突如として起こったのだ。

僕達はただ茫然《ぼうぜん》として、立ちつくすばかりであった。心臓の鼓動が止って、三月二十一日午後一時、深田君は還《かえ》らぬ人となった。急を報じ救援を求めに山村君が山を下り、医師、警察署員を含む十五六名の救護隊の来着まで、約四時半、僕達は眠った深田君の傍で、刻々色調の変ってゆく富士を眺めながら、黙然として、暗然として、悄然《しょうぜん》として佇《たたず》んでいた。

風もないおだやかな春の日、親しい仲間と一緒で、好きな山で、苦しみもなく、さぞ本望だろうと人はいうが、僕はそうとはおもわない。

これから登りたい山も、まだ沢山あったろう。海のそとにも出かけたいところがあったろう。心をこめて集めた文献を渉猟《しょうりょう》する楽しみもあったろう。書きたいこと、書くべきことも、頭の中に一杯あったにちがいない。

深田君の急逝《きゅうせい》をきいて、惜しむ気持は人によって、さまざまであろう。僕としては、あの屈托のないおおらかな独特の風格の持主と、山あるきを共にする機会が、永久に失われたことを、淋しくもまた悲しくおもうのだ。僕が深田君と山へ出かけたのは、こんどの茅ケ岳行が二十九回目というのだから最も親しい山仲間のひとりであった。

深田君！　どうして君は、よく君と一緒に山へ出かけた仲間たちをあとに残して、ひとり先きへ逝《い》ってしまったのか。

（一九七一・四・九記）

解説　語り継がれる山の文学

多少でも山に興味や関心のある人なら、『日本百名山』という本があり、その著者が深田久弥だということはご存じだろう。記念切手になっているくらいだから、その人気のほどと知名度は容易に想像できるはずだ。一九八〇年代末、中高年登山ブームによって「百名山」が再認識、再評価されるようになると、「百名山」のガイドブックがあちこちで出版されたが、登ることばかりが優先されて、そこで深田久弥の人となり、仕事や生涯などに触れられることはそう多くなかった。深田に関する評伝や伝記が予想外に少ないのもそのためだろう。その数少ない人物論の一冊が、深田久弥の全体像を描いた近藤信行の『深田久彌　その山と文学』（平凡社、二〇一一年）である。

本書は二部構成になっている。

Ｉ部は深田の生い立ちにはじまり、若い文学仲間たちとの交流、そして戦後に完成した『日本百名山』の出版と、並行して進められてきたヒマラヤの研究や「中央アジア探検史」の歴史的考察、そして茅ヶ岳での急死までがコンパクトにまとめられている。さらに関連した文章が六編ほど続く。いわば深田久弥の「序論」である。

Ⅱ部は、朝日新聞社から出版された『深田久彌・山の文学全集』に、近藤が執筆した解説文を全文掲載したものである。解説といっても近藤の原稿は、全集の監修者として、その深さもボリュームも充実しており、とても一片の解説などというものではない。深田の生い立ちから小説家への萌芽《ほうが》、そして晩年の業績を含めて丁寧に解説してある。通して読めば、深田の全作品、全生涯を一望できる仕組みになっている。

本書を通じて深田久弥の業績を概観してみると、山に関する大きなテーマの著作がいくつもあって、しかもそれぞれから派生した関連作品が圧倒的な広がりと深みをもっていることが理解できるだろう。広がりでいえば、『日本百名山』から『ヒマラヤの高峰』『中央アジア探検史』にまで及び、深田の興味の対象は多岐にわたっている。深みでいえば、それぞれの分野で核心に迫る考察が読みとれる。深田作品が、「大きな高い山がいくつもあって、しかもそれぞれに裾野《すその》は広く、それでいながら峪《たに》も深い」と表現される所以《ゆえん》であろう。

ところで、このような大部の編著作で深田を再評価した近藤の経歴は、驚くほど深田と類似点が多い。二人には世代の差こそあれ、まず根底には山と文学があった。ともに大の山好きであり、しかも文学への志向が強かった。深田は改造社を数年で辞して文壇へデビューしたが、近藤もまた中央公論社から作家生活に入っている。しかも深田と近藤は一時期、作家と編集者の関係でもあった。

深田は、一九六四年七月、『日本百名山』を新潮社から出版、翌六五年に第一六回読売文学賞を受賞した。一方の近藤もやや遅れて一九七二年、大作となった『小島烏水 山の風流使者伝』を完成させて、七八年に第五回大佛次郎賞を受賞している。ともに歴史ある大きな文学賞を受賞しているわけだが、特に近藤の場合は作家として幸運なデビューだったと言えるだろう。すでに「アルプ」という雑誌の受け皿があって、そこでの連載で思う存分、執筆の才能を開花させることができたからだ。いずれにしろ山と文学という特定の世界に身をおいて、山で得られた喜びを文章で表現するという共通の志向があった。またその活躍の一端には、古きよき伝統を残していた日本山岳会という老舗《しにせ》の組織と仲間たちの存在も大きくかかわっていたことも見逃せないだろう。

私が近藤と親しく言葉をかわすようになったのは、一九九〇年代、彼が田淵行男の生涯を描いた「安曇野のナチュラリスト 田淵行男」という雑誌の連載が終わり、書籍化の打ち合わせのために、たびたび勝沼の家に行ったり、東京の日本山岳会で会ったりしたころのことである。なにかにつけてよく気にかけてくれたのを思い出す。大作となった小島烏水の評伝を著わしたのち、近藤が次に温めていた企画が深田久弥と田淵行男の人物伝であった。両大家のために、膨大な資料を集めて準備を進めていたようで、その手法は、書簡や資料類を集めて詳しく調べ、現場に何度も足を運んで多くの人から話を聞き、その生い立ちから最期《さいご》まで、彼らの生涯を文学として昇華させることにあった。順番から言えば深田久弥伝を完成させてから、続いて田淵行男伝にとりかかるつもりだったのだろう。

しかし、近藤にとって予期せぬ事態に見舞われる。突然、耐えられないほどの腰痛に見舞われ、後に椎間板《ついかんばん》ヘルニアと診断されて四ヶ月という長期にわたる入院生活を強いられてしまう。そうした不運のなかで執筆されたのが、Ⅰ部の冒頭に収録されている「深田久彌・その山と文学」の原稿である。とてもコンパクトで簡潔にまとめられているのだが、逆にやや物足りなさが残ってしまう。だがⅡ部の解説はさすがにしっかりした構成で深田の業績を余すところなく著わしている。後に「深田久弥伝」として一冊の大著にまとめるつもりだったのだろうが、長年にわたる病がそれを許さなかった。ほぼ三〇年の時を経て出版された本書は、どうしても既発表の原稿を一冊にまとめたという印象がぬぐえない。やはり近藤には、時間をかけてじっくりと正面から対峙《たいじ》した深田久弥伝を残してもらいたかった。

なお、やや遅れて連載が始まった田淵行男伝は、連載終了時に夫人からある記述に不満の声が寄せられ、これも長期にわたって書籍化が頓挫《とんざ》してしまった経緯がある。近藤にとっては不遇な一時期だったといえるかもしれないが、それでも長期の休筆の期間を乗り越えて、なんとか『深田久彌　その山と文学』が、そして『安曇野のナチュラリスト　田淵行男』が刊行されることになった。

深田久弥が亡《な》くなって、はや半世紀が過ぎた。

一九七一年三月二一日、深田は、古くからの仲間たち七人と奥秩父連峰の茅ヶ岳を登山中、頂上直下で脳出血のため亡くなってしまった。その経緯を記したのがここで紹介した一高旅行部で深田の先輩にあたる日本山岳会の藤島敏男の追悼文だ。日本山岳会の会報「山」三一一号（一九七一年五月号）と年報『山岳』第六十六年に、深田の人となりを含めて亡くなったときの様子が詳しく綴《つづ》られている。

藤島の深田に対する筆致は全文を通して温かく、思いやりにあふれている。このころの日本山岳会には、藤島や深田のような博学でかつウイットに富んだ人材がそろっていたが、特に藤島は初期の開拓的山行が認められて、名誉会員として推挙されている。ちなみに日本山岳会は、一九〇五年創立の最も歴史ある山岳会で、日本の近代登山史そのものを作ってきたといっても過言ではない。

深田は六八歳で亡くなった。その突然の死はあまりに若すぎるものであり、藤島が言うようにやり残したことが多すぎる、誰からも惜しまれる死であった。『ヒマラヤの高峰』も『中央アジア探検史』も、近藤信行たちの手によって、なんとか完成するところまでこぎつけられたが、まだまだ創作の意欲が旺盛《おうせい》であっただけに、さらに大きな高い山をめざして書き続けてほしかった。

「せめては、私は山のような人間にならねばならぬ。山のような文章が書けるようにならねばならぬ」

深田は気概を込めて、そう述懐したことがある。だからなおさら深田から近藤へ山と文学が書き継がれ、そして私たちから若い次世代へ読み継がれていってほしいと切に願うのである。

第四章　山の険しさに挑む

グレポン——ガストン・レビュファと登った最初の岩峰

近藤　等

近藤　等（こんどうひとし・一九一二～二〇一五）
京都府生まれ。フランス文学者、翻訳家。早稲田大学文学部仏文科在学中に山岳部に入部。卒業後は早大商学部で教鞭《きょうべん》を執る一方で、山岳部の監督、部長を務める。パリ大学で在外研究中は多くのヨーロッパ・アルプスを登攀《とうはん》。『星と嵐』『星にのばされたザイル』など、ガストン・レビュファの一連の作品群の翻訳のほか、『星空の北壁』等、著・訳書多数。

国立登山スキー学校の研修会を終えたわたしには、待望の山行が待ち受けていた。ガストン・レビュファとの最初の山行だ。シーズン最中の多忙な時間をさいて、ガストンはどこへでも登りたいところに連れて行こうと言ってくれた。そこで、わたしはグラン・シャルモ（三四四四メートル）からグレポン（三四八二メートル）への岩《がん》稜《りょう》縦走を選んだ。

八月六日（編注：一九六二年）、わたしたちはエギーユ・デュ・ミディのロープウェイの中間駅プラン・デ・ゼギーユに近い小屋に泊まりに出かけた。この日の夕暮れはことのほか美しかった。だが、翌朝午前二時に起きてみると、一面にガスが垂れ込めていた。悔いを後に残さないように、ともかく出発したが、三十分も歩かないうちに真っ暗な空から雨が降ってきた。岩陰に入って雨をしのいで待った。近くにはピエール・ルルーのパーティも待機していたが、雨はいっこうに降りやまない。

研修会のあいだは、ほとんど快晴つづきで、一日ぐらい雨の休養日があってもいいなあと思ったほどだったのに、ガストンとの最初の山行で雨にたたかれるとは、あまりにもくやしい。こうして第一回目のシャルモ・グレポン行は、アタック地点にも行かない手前で中止になった。

この四日後の八月十一日の夕方、わたしは一人でプラン・デ・ゼギーユ小屋に出かけた。ガストンは前日、イタリア人の客、リノ・ドンビート（編注：映画「星にのばされたザイル」に出演）をリードしてワン・ビヴァークでグラン・カピュサンの東壁を登り、この日の夕方、ミディのロープウェイを中間駅まで降りてきてわたしに合流する約束になっていたのだ。

グラン・カピュサンの東壁の岩にぶら下がって一夜を過ごした後で、その次の晩が、たとえ小屋泊まりにしても、わずかの睡眠しかとらず、また二時起きでわたしをグレポンに連れて行くのでは、とても体がたまらないはずだから遠慮すると断っても、ガストンは承知しない。どうしても、わたしを連れて行って喜ばせたいのだというので、彼の友情に感謝しながらその誘いを受け入れたのだった。

ところが、夕方になってもガストンは小屋に現れなかった。登攀に手間取り、ミディからの下りの最終ロープウェイに間に合わないで、コスミック小屋泊まりにならざるを得なかったのだ。

その夜、わたしは目がさえてなかなか寝つかれなかった。目をさましたときには朝日が照りつけていた。すがすがしい朝の大気を深呼吸し、シャモニ針峰群を眺めていると、さすがに気分が清々として、わたしは三度目の正直という諺《ことわざ》を信じて、ロープウェイでシャモニに下った。下山してきたガストンは、わたしの顔を見るとすぐに

「明日の朝の始発で行くか、それとも明日は夕方のロープウェイで出かけ、プラン・デ・ゼギーユの小屋に泊まって明後日登ろうか」と提案してくれた。

チャンスは訪れた時に一刻も早くつかむべきものだ。明後日、天候が崩れたならば、それこそ泣きっ面《つら》に蜂《はち》だ。一日で登るにはグラン・シャルモを割愛しなければならないが、登攀そのものの面白味はグレポンだけで満喫できる。

「それでは明日」とわたしは即座に答える。

「ヒトシの好きなように」

いつものように、何事につけてもわたしの思いどおりにという彼の好意的な言葉に感謝しながら、わたしは明日の晴天を祈った。

八月十三日、午前五時起床。窓をあけると、まずモン・ブランの頂が青空にくっき

りと姿を見せている。エギーユ・デュ・ミディからプラン、ブレチエール、グレポン、グラン・シャルモとつづくシャモニ針峰群は、雲ひとつない晴れわたった空に、高さを競うかのようにそびえ立っている。谷の反対側のブレヴァンにも朝靄《あさもや》はかかっていない。今日の快晴はこれで保証された。

六時、始発のロープウェイでプラン・デ・ゼギーユに向かう。

六時二十分、ガストンとふたりで、待望のグレポン目指して第一歩を踏みだす。そよとの微風もない快晴。すがすがしい朝の空気を胸いっぱいに吸い込みながら、シャモニ針峰群の下部の岩間につけられた小道を足早にひろって行く。やがて山道はブレチエール氷河の堆石《たいせき》地帯に入り、つづいて氷河を斜め上方に進みながらトラヴァースして、ナンチヨン氷河に入る。雪のコンディションがよいので、アイゼンはつけないで登る。しばらくすると、氷河にはクレヴァスが出始める。そこでザイルを結び合う。そのまましばらく登り、次にクレヴァス地帯を避けて右手の岩場に取りつく。容易な岩場なのでコンティニュアス（編注：同時登攀）で登り、この岩場の頂部（二八五八メートル）に出る。そこからふたたび氷河に移り、前に覆《おお》いかぶさるように立ちはだかっている大きなセラック地帯に突き当たる。ガストンがサッと上をにらむ。小さな氷の塊が二つ三つ、落ちてくる。わたしにはその音が聞こえなかったが、彼はさすがに敏感だ。この危険地帯を急いで左にトラヴァースすると、氷河はしだいに荒れてくる。左手のシャルモ・グレポンのクーロワール（編注：山の急峻な岩溝）に向かって登る。グラン・シャルモにクライマーの姿が点々と見える。昨夜プラン・デ・ゼギーユに泊まり、暗いうちに出発した人たちだ。

八時半、クーロワールの下部に到着。今日の予定のコースは、北面から頂稜に登り、頂稜を縦走してナンチヨンのコル（編注：山の鞍部）に下降、ナンチヨン氷河からふたたびこの地点に下りてくるのだ。氷河のコンディションは良好なので、かさばるピッケルとアイゼンはここに残しておくことにする。氷河を離れて、いよいよ岩場のアタックに移る。快適な岩登りといいたいところだが、出だしのクーロワールは、困難というよりも危険という形容詞が当てはまるようなところだ。浮石も多く、穂高の滝谷の急なルンゼ（編注：山の急峻な岩溝）を登っている感じだ。落石に気をくばりながら、ぐんぐん高度を上げて行く。シャルモをすましてグレポンに向かってくる二組のパーティが見える。あの連中が来ないうちにシャルモ・グレポンのコル（三三九五メートル）に早く登ってしまおうと、ガストンが急にピッチをあげる。どのパーティよりも早くグレポンに取りつき、先行者のいないうちに登ってしまおうというのだ。なによりも、トップのパーティで登るのは気持ちがいいし、それに待たされないですむ。

最後が本を開いたような岩壁になっているクラック（編注：岩壁の割れ目）を登り、九時半、シャルモ・グレポンのコルに登りつき、朝日がさんさんと照りつけているメール・ド・グラス氷河側に出る。なんとも言えない、いい気分だ。高度感もすばらしい。二〇メートルほどテラスをへつり、次に急な壁を三〇メートルほど直登すると、北稜の小さな窓に出た。《ママリーの窓》だ。いよいよここからがグレポンの岩稜の本格的な登攀だ。

花崗岩《かこうがん》はすばらしく堅い。シャルモの登攀を終えて先行していた二組のパーティは、ここから数メートル離れた陽のよく当たるテラスでわたしたちの到着を待っている。白いヘルメットをかぶり、真っ赤なおそろいのヤッケを着た二人と、しゃれたチロルハットをかぶった二人のパーティは、登ってくるのがレビュファだということがわかったので、この名クライマーの登攀ぶりを見ようと、待ち構えているのだ。すでにザックからカメラも取り出してねらいをつけている。

《ママリーの窓》から向かって右側の壁にピトン（編注：岩の割れ目に打ちこむ楔《くさび》。ハーケン）が一本打ち込んである。ガストンはこれにカラビナをかけ、ザイルを通してからクーロワール状の岩壁を数メートル下り、まっすぐなクラックに入り込んだ。グレポンの初登攀者ママリーの名をとどめる有名な《ママリー・クラック》だ。すでにママリーの登攀記で、またギド・レイの流麗な文章で、わたしはこのクラックがかなりむずかしいことを知っている。フランス山岳連盟発行のガイドブックにも、四級、つらい登攀、と記されている。それだけに、期待は大きく、また、自分がどのように苦労するだろうかと、いくらか不安な気持も抱いていた。しかも、確保しているわたしの地点からは、ガストンの登攀ぶりはよく見えない。だが、登りはじめたガストンは、荒い息をはくでもなく、リズミカルに、一気に登りきってしまったらしく、「さあ、ヒトシ」と上から声がかかってきた。

カラビナを外し、クーロワールを下り、いよいよ待望のママリー・クラックに入る。垂直な一六メートルのクラックだ。

「右腕と右脚をつっこんで登るんだ」と姿の見えないガストンが、上から声をかけてくる。

わたしは上方をにらむ。このクラックは、ひとたび登り出したなら、逡巡《しゅんじゅん》しないで、疲れないうちに一気に登りきってしまうのがコツだ。もうギド・レイの名文章などはどこかへ吹きとんでしまい、ファイト、ファイトと心の中で叫びながらよじ登る。ガストンとわたしのとザックを二つ肩にしているので少し窮屈だが、思っていたほど手ごわくはない。中間の足場がしっかりしたところでひと息入れて、ガストンが確保している地点まで登りつく。ふたりが要した登高時間は、わずか十分だった。

ここから右手にテラスをへつり、チムニー状のクーロワールを登ると《大砲の穴》とよばれている穴がある。これをくぐると、ふたたび陽光がさんさんと照りつけているメール・ド・グラス側に出た。ワンピッチ左にトラヴァースして、最後にチョックストーン（編注：岩の割れ目にはさまった石）がつまっているチムニーを登り、《郵便箱》と呼ばれている狭い箇所を通過すると、ふたたびナンチヨン側の岩棚に出た。

次は、ナンチヨン側を七十度の傾斜で走っている、細い一〇メートルのクラックで《ラトー・ド・シェーヴル》と呼ばれている難場だ。グレポンの岩場はルートが実に明瞭《めいりょう》だが、日本の岩場のような逃げ場はまったくない。通過できるところが、この岩峰の一番容易なルートなのだ。しかし、これから登ろうとするこのピッチも、下をのぞくと、岩壁はストンとナンチヨン氷河まで一気に落ち込んでいて、しかも垂直で岩壁の下部は見えないから、高度感はものすごい。豪快そのものの場所だ。

ガストンといっしょに登っている喜びと安心感のせいか、気持ちは平静そのもので、快適な登高がつづく。ここをすますと、ふたたび稜線に出た。北峰の下部だ。北峰は、ここからがっちりとした細い一枚岩を形成しているが、一般の例にならって、これを登らずにナンチヨン側の岩の裂け目の中をトラヴァースして、大ジャンダルム（編

注：主峰を護衛するように聳える岩峰）の下に出た。写真でよく見たこのジャンダルムの堅い岩を稜線通しによじ登り、狭い一枚岩のてっぺんに出ると、三百六十度の大展望が開ける。あまりのすばらしさに思わず感嘆の声を放つ。

このジャンダルムの南端に、高さ三〇センチほどの岩がピョンと突き出している。ガストンは、これに懸垂用のザイルをかけ、下から要領を教えるからといって、するすると降りて行った。わたしの番になる。最初にまずザイルを脚と肩にまわしてから、そのまま一枚岩をまたいで、両ひざでおさえつけながら数メートル下降し、次に懸垂の姿勢をとって二〇メートル下降するのだが、メール・ド・グラス側とナンチヨン側が、はるか下の氷河まで何ひとつ目をさえぎるものがないこの懸垂は、まるでパラシュートで降りているような錯覚を起こさせるものだった。

下りついたギャップからナンチヨン側のテラスを巻き、ぐいっと腕力で一枚岩を引っ張ってふたたび北稜に登り、メール・ド・グラス側を二メートルほど下ると《自転車の棚》に出た。これまでの緊張を要するデリケートなルートをすませた後では、ホッとひと息つけるところで、この岩棚は、まるで自転車ででも通れるような気を起こさせるところから、この名がつけられたのだ。幅五〇センチほどのこの平坦《へいたん》な棚をつたって、三四七三メートルのジャンダルムを巻いて行くと、主峰の岩壁に突き当たった。

ナンチヨン側の二つ目の《郵便箱》、最後にZ字状の、空中に突き出したクラックを登りきると頂上だ。

狭いが平らな岩のテラスで、北端にはきのこの笠《かさ》のような岩があり、その南端にはマリアの像が立っている。ガストンがにっこりと迎えてくれる。固い握手。

ふたりだけの頂上！　後続パーティは、大ジャンダルムの下りと自転車の棚を動いている。彼らの様子を写真に撮りながら、ゆっくりと腰を下ろし、サンドウィッチを取り出し、水筒の紅茶を分け合って飲み、ふたりは、無言のままじいっと周囲の山々を見つめている。わたしたちの最も好きな時間。アルプスの山頂に憩《いこ》う幸いを、ひしひしと感じるひとときだ。

「愛し合うということは、お互いに顔を見合わせることではなく、同じ方向を、ともに見つめることである」という、ガストンもわたしも大好きな、サン・テクジュペリの言葉をわたしが口にする。ガストンが大きくうなずく。

頂での三十分がたち、真っ赤なヤッケの二人が登ってきた。その一人にカメラを渡して、ガストンと並んで立っているところを撮ってもらう。グレポン登頂の喜びを、いつまでもとどめておきたかったからだ。ところが、二週間後に現像されてきたネガには、期待に反して、ふたりの姿はボウッとしか写っていなかった。フィルム入れ替えの時に光線が入ってしまったのだ。しかし、この記念の写真はなくても、この日の思い出は、いつまでもわたしの心の中にしっかりとしまい込まれているにちがいない。

解説　異才の発露

ヨーロッパ・アルプスの魅力とはなんだろう。どこまでも澄み切った蒼《あお》い空と青白く輝く氷河の流れ、そして屹立《きつりつ》する花崗岩の岩壁など、すべてにスマートで明るい印象が強い。そうした陽光に輝くアルプスの峰々を、多くの翻訳書と自らの著書で日本に広く紹介してきたのが近藤等だ。ヨーロッパ・アルプスで生まれた初登頂への憧憬とその歴史、未知・未踏の頂への挑戦の精神《こころ》、そしてアルピニズムという新しい思潮などのすべてが、開花、成熟して現在のアルプス、自由でおおらかなその登山の文化を形作ってきたといえるだろう。

近藤の著作『アルプスの蒼い空に』は二〇〇一年に茗溪堂《めいけいどう》から出版されたもので、これまでの氏の著作の集大成のような一冊である。シャモニを中心にしたフランス・アルプスを上巻に、ヴァリスス山群などスイス、オーストリア、イタリアを中心にまとめたものを下巻にした箱入りの二巻本である。アルプス全域にわたる山行の紀行、ガイドや山仲間たちとの交流と交歓の記録、そして山岳書や登山史についての評論などが綴《つづ》られた本書は、生涯にわたって近藤がいかに深くアルプスと交わってきたかの証《あかし》のようである。なお、本書で紹介した「グレポン――ガストン・レビュファと登った最初の岩峰」は、そのなかの一節に収録されている。

近藤は翻訳者として、モーリス・エルゾーグに出合う幸運に恵まれた。人類初の八〇〇〇メートル峰登頂を描いた『処女峰アンナプルナ』が白水社から出版されたのが一九五三年、エベレストが初登頂された年でもあり、予想以上の好評を博して一大ベストセラーになったという。初登頂の喜びとその後の生死の境をさまよう生還の様子が見事に訳出されている。この翻訳に深く感銘を受け、登山を生涯の喜びとして山にのめり込んだ人も少なくないはずだ。

続いて近藤が手がけた翻訳書が、ガストン・レビュファの『星と嵐』だった。レビュファはアルプスの岩を登り名文を残したガイドであった。自らレビュファに手紙を書いて翻訳の承諾をとり、そこから三〇年にわたる二人の交流が始まったという。

「レビュファの文章はとても格調高いんです。内容はアルピニストの気持ち、心をよく表わしている。でも、文章が簡潔な詩のようで翻訳にはとても苦労しました。推敲《すいこう》に時間がかかって簡単には訳せませんでしたから」

二〇一二年の初夏、私が渋谷区西原にある近藤邸を訪ね、インタビューをしたとき の話である。建築家ル・コルビュジエの弟子、吉阪隆正《よしざかたかまさ》が設計したという個性的な家は、閑静なお屋敷街の坂を登りつめた所にあった。書斎にはフランス語や日本語のアルプスやヒマラヤに関する山岳書が並び、近藤の数多くの著書と訳書が整然と配列されていた。この時、近藤は九一歳。まだ矍鑠《かくしゃく》としていて記憶にまったく淀《よど》みがなかった。

話はどうしても、レビュファとの交流、翻訳の話に向かってしまう。

レビュファは、山岳ガイドをしながら一方で格調高い文章を残していた。ガイドたちの心象を描いたストーリーは、一連の詩のようで、アルプスを謳歌《おうか》しながら、その深層にはどこかもの悲しさを漂わせる人間の物語が流れていた。そうした登山家の心の機微を、苦労しながらも詩的で情緒的な翻訳に仕上げたのが近藤だった。加えて以下に記した三冊の邦文タイトルのネーミングも秀逸である。『星と嵐』、『天と地の間に』、『星にのばされたザイル』――。これらはすべて映像化されており、いずれもレビュファが監督、製作、脚本を手がけ、さらに自ら演じていた。レビュファは映画製作でも一流の才能を発揮していたのである。一九五七年の初来日からほぼ一〇年ごとに都合三回日本を訪れ、近藤は翻訳家として、また通訳として随行し、インタープリターの役割を果たしている。

近藤はアルピニストでもあった。初めてアルプスに足を踏み入れたのは一九六二年の夏、海外渡航が自由化される前だった。六四年からは毎年一回はフランスに渡り、レビュファとの交友を深めながらアルプスの峰々に挑み続けた。その登攀の足跡は約二〇年間におよび、登ったルートは一二〇にも達するという。

近藤とレビュファの関係性は不思議なものがある。翻訳者と著者であり、アルピニストとガイドであり、そして同世代の親友でもあった。しかもお互いに複数の顔をもつ。近藤にはアルピニストと、表現する著者と翻訳者の顔があり、一方のレビュファにはガイドと、創造する名文家と映像作家の顔がある。この二人の関係性が、それぞれに輻輳《ふくそう》して化学反応を起こし相乗効果をもたらすのである。レビュファの名言があるから、近藤の名訳が生まれるのだ。そして共通して根底にあるのは、やはりアルプスへの「信頼」であろう。近藤の翻訳によって、日本の登山家たちに、アルプスの山岳文学と登攀への扉が大きく開かれたのである。

近藤は二〇一五年に亡くなったが、弛《たゆ》むことなく続けられたアルプスへの賛歌は、澄み切った蒼い空に歌い継がれてゆくに違いない。

岩と氷と寒気との闘い

ついに冬の北壁登攀

小西政継

小西政継（こにしまさつぐ・一九三八〜九六）
東京生まれ。中学校卒業後、印刷会社で文選工となる一方で、社会人山岳会「山学同志会」に入会。一九六七年、同会員とともにマッターホルン北壁の冬季登攀に成功（世界第三登）。その他、ヨーロッパ・アルプスの難ルートで記録を残す。ヒマラヤ遠征の登山隊長として数々の隊を率いる。九六年、ヒマラヤのマナスルに登頂後、消息を絶つ。

僕は長い登山生活を通して、山へなぜ登るのかとか、アルピニズムの固苦しい理論めいたことは、まだ一度も考えたことがない。よくエベレストに消えていったマロリーの「山がそこにあるから登るんだ」という言葉を引用し、堂々とそっくり真似《まね》して言い放っている登山家と称する人々が大勢いるが、僕にはこんな言葉はでてきそうもない。マロリーがうるさくつきまとう、アルピニストの心なんかまったく理解することのできないマスコミ連中を煙にまくのに使ったこの言葉を、まじめくさって言い放っているのにはいつも苦笑している。

山とは金では絶対に買うことのできない偉大な体験と、一人の筋金入りの素晴らしい人間を作るところだ。未知なる山との厳しい試練の積み重ねの中で、人間は勇気、忍耐、不屈の精神力、強靱《きょうじん》な肉体を鍛えあげてゆくのである。登山とは、ただこれだけで僕には充分である。

苛酷《かこく》きわまりないハンモック・ビバークの夜はいつ果てるのだろうか。時間が次第に過ぎてゆくにつれ、この苦痛とこの強烈な寒気はどうしても我慢ができないものになってきた。これでは肉体的にも精神的にもまるで拷問《ごうもん》だった。

僕たちは地獄の夜に凍え、ちぢみ、獣のようにうめきとおした。僕の生涯をとおしての最も長い夜――。

二月七日（編注：一九六七年）。渇望の朝が白々と近づいてくると、僕たちは一分だってこんなひどい場所にはいたくなかった。身体が完全に硬直しており、出発するにはハーケンにぶら下がって身体を動かし、血液の循環をもとにもどさねばならない。

清澄《せいちょう》な朝の太陽がさし昇ると四〇〇〇メートルの峰々は赫々《かっかく》と燃え始めた。昨夜のビバークはとうてい言葉や文章ではその苦しみを表現できぬものであったが、今朝の出発は僕の心を雄々しくしてくれる。なぜならば勝利はもう眼前にあり、酷寒地獄の北壁から今日は抜けだすことができるからである。

今日の頂上岩壁のトップを予定されている星野（編注：隆男）に僕は元気よく声をかける。

「星野、さあいこうぜ！」しばし考えている様子の彼……、「小西さん、俺、指の感覚があまりなくて自信をもってトップはできませんから誰かやってください」……なんていうことだ。最終の絶頂への登攀は今日まで僕より重いザックを背負い、セカンド、ラストを確保する重要な役割を立派に果たしてくれた彼に是非やらせたかったのに。

彼自身もザイルのトップは喉《のど》から手のでるほどやりたかったに相違あるまい。しかし一切の妥協を許さないこの冷酷な北壁では、人間のつまらない名誉心や感情なんていうものはどうでもいいことであり、通用しないことを彼は充分わきまえていたのである。もし彼がこの場面で自分のコンディションを冷静にみつめることなしに偽りの気持ちでトップにたったならば、僕たちは破局を招く可能性も生まれてくるかもしれないのだ。自分自身の真実の姿を正直にさらけだしてくれた彼に僕は感謝の気持ちでいっぱいだった。もう彼は人間的に立派なアルピニストだった。

「遠ちゃん（編注：遠藤二郎）、よかったらやってくれないか」

「俺もあんまり調子よくないよ」昨夜のビバークで足を羽毛服でくるみどおしだった彼の足は、きっとあまり調子がよくないのだろうし、二日間もトップをやらせてしまったので、その精神的緊張から解放させてやる必要もあった。僕自身のコンディションは申し分のないものだし、今日一日の責任は充分果たせる自信はあった。ただ、アイゼンのないことが少々気がかりであったが、これはゆるぎない闘志と、細心の注意でカバーすればなんとかなるはずだ。

八時、小西、遠藤、星野のオーダーでトラバース（編注：岩場の横断）を開始する。セットしたザイルをつたわって僕は三〇メートルずつ区切って慎重に通過する。さっきまで棒のように無感覚だった足の感覚がようやく甦《よみがえ》ってきてくれたのは、なんといってもうれしいことだ。

僕はやがてトラバースを終わり、次に現れる広い凹状のスラブ（編注：一枚岩）を横切って雪のついた岩場に取り付く。一〇メートル直上、レッジ（編注：小さな岩棚）に達し、後続の確保にはいるとラストの星野がトラバースを開始していった。足下五メートルのところに錆《さ》びついた残置ハーケンが一本あり、僕にルートの指示をしてくれる。頭上右のオーバーハング気味の垂壁がルートに間違いあるまい。いったんこの残置ハーケンまで下降し、短い垂壁にアブミを使って乗越す。これが北壁で最初につかったアブミだった。

僕は頭上のオーバーハング、左側のかぶり気味の垂壁を目指して登る。基部まで達するともうバランスでは手に負えなくなる。素晴らしいリスにハーケンが歌う。アブミを次々とセットして攀《よ》じ登る。岩壁はこの北壁にしては固くしっかりしている。不安定きわまりない崩れおちそうな氷と岩を攀じてきた僕たちにとって、ひさしぶりに爽快《そうかい》なクライムが味わえた。

狭いバンドを右にまわりこんでゆくと、上部がオーバーハングしている高さ二〇メートルの急峻《きゅうしゅん》なカンテ（編注：縦にのびた凸状の岩）に達した。カンテにはクサビと真新しいハーケンが一本ずつ打ち残されており、おそらくこのカンテがダイレクト・ルートと合致する地点に相違あるまい。カンテを一〇メートル直上し、オーバーハングを左側のアンサウンド（編注：不安定）気味の岩場をまわり込むようにして登る。屋根状に張り出している短い凹状のスラブに突きあたった。ほんの三～四メートルであるが険悪であり、ハーケンを二本打って乗越すと一気にツムット側の大斜面が眼前に開けた。傾斜のおちた岩場がイタリア側山頂まで続いている。北壁の困難な部分はすべて足下に去り、ほっとした安堵感《あんどかん》とほのかなる喜びが胸につたわってきた。

もう絶頂までザイルがなくてもゆけそうであるが、ここで僕は一九五三年のアイガー北壁を思い起こさなくてはなるまい。カールハインツ・ゴンダとウリイ・ヴィヌは大北壁を完登し、勝利の頂上まであと一歩というミッテルレギ山稜で不運な墜落をとげているのである。僕たちは間近に迫った頂上までスピードはおちても一歩一歩確実に攀じなければならないし、どんな容易な所でも、ここまで登った以上一瞬の気のゆるみを最後までみせてはならない。岩と氷と垂直の世界ではたとえどんなに小さな失敗でも許されない。「栄光」と「惨敗《ざんぱい》」は紙一重なのである。

息をはずませ、すでに六〇メートルで四ピッチもダイレクトに登っているというのに、僕たちはまだ頂上岩壁の中にいる。うんざりしてくるほどの果てしない大岩壁だった。しかし周囲の氷峰群はすでに眼下に沈み、絶頂まではそう遠くはないはずだ。

次第に僕のクライムが慎重さを欠いてきた時だった。無造作につかんだ岩の突起がいきなりぐらっときたかと思った瞬間、僕のバランスが右肩から崩れた。電光石火、左手がホールドをひっつかみスリップを食い止めていた。全身の血が頭に逆流し僕のだらけた気分も疲労感もこれでいっぺんに吹っとんでしまった。頂上岩壁はいくら容易であるといっても、スリップすれば止《とど》まるところを知らないこの広大な大斜面を岩に激突しながらゴムマリのようにジャンプして、垂直の大絶壁へまっさかさまに落ちてゆくのだ。E・ウインパー（編注：イギリスの登山家、一八四〇〜一九一一）がこんな一文を記していたのを僕は覚えている。

山を登りたいなら登りなさい。しかし慎重さを欠いたなら勇気も力も何にもならないということを忘れてはならない。一瞬の不注意が一生の幸福を失うかもしれないことを忘れてはいけない……。

岩壁の中央部にむかって思いきった六〇メートルの大トラバースを行った。僕は黙々と攀じ登る。

ついにでた！　ツムット山稜へ！　太陽だ！　暗い酷寒の北壁を四日間も攀じ続けて初めて浴びる太陽だった。生命の輝きが全身を暖かくつつんでくれる。太陽の光がこれほどまでに素晴らしいものだとは……。ああ、夕陽をさんさんとあびた陽光の山稜にたたずむ今はなんと幸せなことか。

ツムット山稜は天国と地獄をはっきりわけるものだ。左下には陰険な氷の大絶壁が、右下のイタリア側には幸福な輝く陽光があった。

僕は最後の稜線に沿って氷の北壁を登り続けた。傾斜がぐっとおちてくる。ふと顔をあげると、眼界にイタリア側山頂の鉄の十字架が映っているではないか！　まちにまった勝利の十字架が！

一メートル、一メートル、氷と岩を攀じるたびに喜びがよどみなくあふれでてきた。

一九六七年二月七日、午後五時三十五分、僕の腕がマリアの像を二つしたがえた鉄の十字架をしっかりにぎりしめた。十字架にビレー（編注：ザイルによる確保）をとり、次々と仲間たちが登ってくる。二十分後には僕たち三人は四四七八メートルの絶頂に立っていた。

眼下に広がる光り輝く白き峰々の世界はおだやかなるたたずまいをみせている。絶頂はなにもかも静かであった。

今、僕は絶頂にたたずんでいるというのに、勝ちとった勝利の喜びとか、感動などというものは不思議とわきあがってこなかった。E・ウインパーのように「輝かしい生涯を圧縮したようなひととき」でもなかったし、ボナッティ（編注：イタリアの登山家、一九三〇〜二〇一一）のように十字架をだきしめて感激に涙する気持ちにもなれなかった。ただ、僕の心には長い間苦しみぬいた緊張感が少しずつ解きほぐれてゆくのを感じ、一つの大いなる荒仕事を成し終えることのできた充実感がただよっているだけであった。

解説　集中力と年齢のせめぎあい

小西政継の登山界における業績に疑義をはさむ人はいないだろう。近代アルピニズムの潮流がヨーロッパから導入されて以来、後進国だった日本を世界と対等に競い合えるレベルにまで押し上げ、また街の社会人山岳会だった山学同志会を一流のクライマー集団に育てた手腕は並外れたものがあった。

世界に向かってアピールできたその最初の実績が、一九六七年二月のマッターホルン冬季登頂である。日本人の海外渡航が自由化されたのが一九六四年、外貨枠の制限が撤廃されたのが六六年。しかもこの間、印パ紛争のあおりを受けて六八年までネパールが登山禁止政策を敷いたことで、登山の機会をうかがっていた日本人クライマーたちはいっせいにヨーロッパ・アルプス、夏の三大北壁（マッターホルン、アイガー、グランド・ジョラス）へと向かった。だが、そのほぼ同時期、小西は夏を飛び越えて一気に冬の北壁に焦点を当てたのだ。

世界第三登にあたる冬のマッターホルン北壁登攀の全貌《ぜんぼう》を描いたのが、一九六八年に山と溪谷社から出版されたこの『マッターホルン北壁』である。内容は、それまでの登攀の歴史から書き起こされ、自らの個人史も加えて計画の発端、ツェルマットから北壁へ準備と試登を経て、実際の冬の登攀までが綴られる。小西たち三人の登攀の興奮がじかに伝わってくるような熱気が随所に感じられ、小気味よい文章が読者を未知の世界へと誘《いざな》う。特にアタック最初の晩のビバークで、小西がアイゼンを落とすくだりなど、思わず読み入ってしまう名文だ。「より高く、より厳しく」というアルピニズムへの志向は、このマッターホルン登頂記によって実証された感さえあった。

そしてこの冬季の登頂を契機にして、小西はグランド・ジョラス北壁冬季第三登にも成功。舞台をヒマラヤの高峰に転じて七六年ジャヌー北壁の初登に挑み自らも登頂し、以後は登山隊長として八〇年カンチェンジュンガ北壁、八二年チョゴリ北稜と無酸素登頂を成功させている。八三年一〇月には、隊長を後輩に譲りながらも、エベレスト南峰八七五〇メートルまで無酸素で到達、あと一歩のところで登頂を断念して引き返している。すべてはオーガナイザーとして、無酸素で、バリエーション・ルートから登山隊を引っ張っていったわけだが、特に小西がすごいのは四四歳という年齢でありながら無酸素で挑み、頂上直下まで達していながら引き返している点である。

私が小西と頻繁に言葉をかわすようになったのは、七六年のジャヌーに登頂したころであろうか。八三年のエベレストに挑戦した後、第一線から身を引くようになると、高所登山やヒマラヤの原稿を何度も頼むようになった。なかでも思い出深いのは一九九三年の「山と溪谷」七〇〇号の記念号に、「時代をリードした九人の登山家」というタイトルで、その一人である小西にインタビューしたときのものである。それまでの厳しい登山の半生を振り返り、また仕事に専念していた一〇年の空白を取り返すようにして、ヒマラヤの高峰へ再登場しようとしていたころだった。小西には「独白」というテーマで、マッターホルン北壁も含め、思いの丈を語ってもらったのである。「マッターホルンを登ったあとに強く感じたのは、日本と世界のレベルの格差。ある程度底上げしないと、この差はいくらたっても縮まらないんです。一般ルートから八〇〇〇メートル峰をいくつ登っても追いつかないんですね」(「山と溪谷」一九九三年一一月号)

そう語っていた小西は、翌九四年にダウラギリI峰に登頂し、自身初めての八〇〇〇メートル峰登頂を達成した。その後も九五年シシャパンマ、九六年マナスルと連続して登頂。どれも酸素を吸いながらで、本人は中高年のヒマラヤ登山と自嘲《じちょう》していたが、五七歳という年齢を考えたとき、酸素は文字通り「保険」だったはずである。しかし、高所登山の恐ろしさを熟知していたはずの小西でさえ、マナスル登頂後、その下山時にビバークを強いられ、消息を絶ってしまった。

万全の準備をして挑んだ冬のマッターホルン北壁は二八歳のとき、不注意から自分のアイゼンを失くしても、集中力を持続させて困難を乗り切った。無酸素で挑んだエベレストは四四歳、頂上直下の八七五〇メートルで引き返している。その判断力は少しも年齢の衰えを感じさせず、集中力を持続させての撤退だった。九六年のマナスルは五七歳、絶頂期が過ぎたとはいえ、豊富なヒマラヤ登山の経験に裏付けられていたはずだ。しかし、事故が報じられたとき、私の脳裏をよぎったのは年齢による集中力の維持への不安だった。

人は年齢に応じて、思考の柔軟性と体力の維持のバランスをとりながら生きていく。極限の状況にあっても、小西の集中力は群を抜いていた。しかし年齢に加えて八〇〇〇メートルの高所で、しかも酸素が切れた状態で集中力を持続できるものなのか――。地上の約三分の一しか酸素が存在していない「デス・ゾーン」の、それがもうひとつの真実の姿かもしれない。

「チョモランマ」見果てぬ夢　長谷川恒男

長谷川恒男（はせがわつねお・一九四七〜九一）

神奈川県生まれ。登山家。一七歳で社会人山岳会「霧峰山岳会」に入会。その後、日本アルパインガイド協会の公認ガイド。一九七七〜七九年にかけて、ヨーロッパ・アルプスの三大北壁（マッターホルン、アイガー、グランド・ジョラス）の冬季単独登攀に世界初成功。ヒマラヤでも数々の記録を残す。九一年、パキスタンのウルタルⅡ峰で雪崩《なだれ》に遭い死去。

三度目のチョモランマ

頭を押さえつけられるような圧迫感で目がさめる。目の前にはうすぼんやりとした白い壁が迫っていた。ヘッドランプを捜すため頭を持ち上げようとするが、その白い壁にさえぎられて起き上がることもできない。手探りでようやくヘッドランプを捜し当て、スイッチを入れると、ぼんやりと全貌《ぜんぼう》が浮かび上がった。テントの半分が雪に埋まり、洞窟《どうくつ》の奥深く取り残されたような不安がよぎった。

シュラフのなかに入ったままの姿勢で、体を左右に動かして、両わきで寝ていた隊員の星野清隆と内海正義を起こしながら、体の向きを変えた。吹き降ろしてくる雪に、テントはますます押しつぶされていく。

内海と私とで、つぶれないようによつんばいになってテントを支えているあいだに、星野が身支度を整えていた。吹き降ろす雪の重さでテントのフレームが折れ、体に伝わってくるその重量は増すばかりだった。

身支度を終えた星野が表に出ようとしたが、テントの入口は完全に埋まり、なかなか出ることができない。スコップを見つけ出し、ようやく外に出ると、猛烈な風が吹き荒れていた。星野は外で除雪をしているが、体にかかってくる重みがいっこうに和らがない。そのうち内海の下半身は、完全に雪に押さえつけられてしまった。外の情況がわからない私は、背中と腕にかかる重さに耐えながら、除雪を急ぐように叱咤《しった》する。しかし、その効果はまったく現われない。このままだとふたりとも雪につぶされてしまうと思い、やむなく、私は雪の重さから逃れ、身支度のできないままテントシューズを履き、手袋をつけて、表に出た。

明るい月あかりにもかかわらず、猛烈な勢いで雪が落下していた。その量はますます増え、雪塊や、落石までも飛んできた。これでは除雪を繰り返しても、その効果が得られないはずだ。

わずかに風が弱まったとき、内海の体を押さえていた膨大な雪の塊を取り除くことができた。狭い空間で、彼も支度をすませると、テントの外へはい出し、三人がかりで除雪にあたった。

ある程度の除雪を終えた私はテント内にもぐりこみ、登山靴やヤッケを着て身支度を整えた。足でテントを持ち上げ、かなりの広い空間を作る。フレームが折れてしまったので、直径四〇センチほどにまるめたウレタンマットを支柱がわりに外から中へ入れてもらう。そのマットを柱に立てようとしたその瞬間、ドスーンという衝撃とともに私のいるテントが完全に埋まってしまった。それまでにようやく広げた空間もすべて埋まったが、入口からいちばん遠い位置にかろうじてわずかな空間を得た。私の体の左右にあったウレタンマットのおかげで、この大きな衝撃を直接受けずにすんだのだった。

「おーい、だいじょうぶか」

外にいるふたりに声をかけるが返事がない。あまりにも大きな衝撃だったので、ふたりの安否が気遣われた。何度も声を張り上げる。しばらくすると、ふたりのほうから声がかかり、ホッとした。と同時に、今度は自分の身が心配になってきた。棺おけのなかに閉じ込められたような状態で、私は身動きできなかったからだ。外ではふたりが、必死になって、私を掘り出そうとしている。次々と襲いくるブロック雪崩と猛烈なスノーシャワーのために、彼らは何度も飛ばされ、流されながら除雪を繰り返していた。

テントをつぶしたブロック雪崩の直撃を幸いにも私は免れたが、身動きのとれない私を大きな雪塊が直撃したなら、ひとたまりもなく死んでしまうだろう。私はここから脱出できるのだろうか。そんな不安が胸をよぎった。

時間はゆっくり動いている。だが、外ではものすごいスピードで時間が過ぎているのだろう。

どのくらいたったのだろうか、とてつもなく長い時間が経過したように思えたが、情況はいっさい変わらなかった。むしろ空間はますます狭まっていくばかりだった。

外のふたりも懸命に除雪をしているのだが、いっこうに成果が上がらない。外気温はマイナス四〇度を超え、私たちの持参した温度計では測れないほどである。息もできないくらいの風が吹き荒れている。

「もうこれ以上の除雪は無理です」

外から声がかかった。仕方なく、私はテントをナイフで切って脱出しようと決心した。しかし、さきほどまで使用し、ポケットに入れておいたはずのナイフがない。テントの中の内海の小物袋にナイフがあると知らされ、幸いその袋は私のわきにあったので、ナイフをひっぱり出してテントを切り裂いた。表へ顔を出した瞬間、猛烈な吹き降ろしを顔に受けた。

昨夜からの除雪作業は、すでに五時間に及んでいる。前日は七八〇〇メートルに荷物をデポし、いよいよ八〇〇〇メートルラインを越えようとした矢先、せっかく設営したテントはフレームが折れ、脱出のために切り裂かれ、絶えまなく降り積もる雪にまたたくまに埋められてしまったのだ。この寒さと強風では、もうこれ以上ここにとどまることは危険である。手足の指の感覚がほとんどなくなり、体がこわばっていく。私は下降を決意した。

すべてを放棄し、私たち三人は下降を開始した。何度も風に飛ばされながら、手探りでロープをかけかえ、五〇メートルロープで二二ピッチ、七三五〇メートルのC3（編注：第三キャンプ）から、取付地点（六七〇〇メートル）へ下った。氷河に下り立ち、ABC（編注：アドバンスド・ベースキャンプ）（六五〇〇メートル）へ向かうが、前を向いてまともに歩けないほどの強風がここでも吹き荒れていた。辺りが明るくなったころ、私たちはABCにたどりついた。

十一月二十三日夜一一時ごろから始まった風雪との格闘も二十四日午前八時、ABC到着でひとまず終了した。星野は顔と手首に、また内海も顔と手の指に凍傷を負っていた。明るくなっても風はいっこうに収まる気配をみせず、ますます強まっていった。

集団から単独へ、エベレストから一〇年

私はヒマラヤでは八〇〇〇メートル峰の頂を一度として踏んだことがない。一九七三年、第二次RCCエベレスト登山隊に参加した私は、先発隊のメンバーとして本隊より先行して入ったので、高度や環境の順応は充分にできていた。しかし、登山が始まると同時にウイルス性肝炎にかかり、キャラバン途中の飛行場からカトマンズに空輸され、入院するはめとなってしまった。

健康はまもなく回復したが、登山隊に復帰できる見込みもなく、カトマンズで悶々《もんもん》とした日々を送っていた。世界でいちばん高いエベレスト。こうした登山のチャンスは二度と得られないと思い、当時の私はすべてをこれに賭《か》けていたのだ。病気のため、登山をせずに帰ることを思うと、やりきれない気持ちに陥っていた。

そんなある日、私は隊長からベース・キャンプに登ってよい、という伝言を受け取った。小躍りして喜んだ私は、一週間後、BC（編注：ベースキャンプ）へ入った。登山はすでに最終段階に入っていた。私の出る幕などない。ところがブリザードが襲来

し、上部のテントは孤立。シェルパが雪崩で死ぬという惨事が生じた。疲れ果てた隊員に代わって、ようやく私の出番が回ってきた。肝炎を患《わずら》ったわりには調子がよく、高度順化は順調であった。

タクティクスの転換で、サウス・コルからのルートに変えたため、登頂する加藤保男、石黒久のサポートをすることになった。登頂後、ふたりはワン・ビバークののち、サウス・コルに下り立った。

登頂したふたりを終始サポートしながら、集団登山のなかで、それぞれの登頂への思いを代表し、このふたりが頂を踏んでくれたと思いながらも、この登山がはたして自分自身を充分に表現し、納得した登山であったか、私は自らに問いただした。

世界でいちばん高い山の頂を踏んだ人は、世界でいちばん幸運なアルピニストといえよう。しかし頂を踏まずとも、この山にかかわりあいをもち、山麓《さんろく》に抱かれながら、登山ができたことを幸せに思った。そして、このときは、もう二度と訪れることがないと思ったエベレストに、心から感謝してこの登山を終えたのだった。

この登山ののち、私の登山の志向が単独登攀へ傾いていった。それは偶然、谷川岳一ノ倉沢第二スラブを登ったときである。ふたりで登るときの時間と、ひとりで登るときの時間を比べてみると、着実に登攀すればひとりのほうがはるかに速い。しかし体力、技術、精神力という点ではパートナーがいるときに比べると数倍も困難だった。こうした条件のなかで第二スラブを登攀し終えたときに、自分のなかに単独登攀者としての能力があることを感じたのである。

私はこの力を伸ばしてみようと思い、冬の穂高にでかけた。穂高の尾根を縦走し、いくつもの壁を連続して登ったとき、ますますその自信を深めていった。この自信が私をヨーロッパ・アルプスへと導いた。

一九七七年マッターホルン北壁、七八年アイガー北壁、七九年グランド・ジョラス北壁、この三つの北壁を冬季単独登攀した。このアルプスでの登攀の成功が、七〇〇〇メートル近い頂をもち、三〇〇〇メートルにおよぶ大岩壁をもつ南米のアコンカグア南壁へとつながっていった。一九八一年、この南壁の冬季単独初登攀を終えたとき、八〇〇〇メートル峰もバリエーション・ルートから単独で登れるのではないかという夢がわき上がってきたのである。

一九八三年のプレ・モンスーンにダウラギリ1峰の許可を取り、隊員は北東稜に、そして私は北壁を単独で登るべく登山を開始した。一〇年ぶりのヒマラヤの雄大な光景に、私は魅せられた。しかし、北東稜登山に手間どったため、残念ながら北壁に手もつけられず断念した。八〇〇〇メートル峰の長いルート、苦しみながら克服する高度順化。つらい思いは多いが、神々の座に足を踏み入れ、その荘厳《そうごん》な世界に身をおくと、なんともいえぬ幸福感に浸れる。私は、ヒマラヤのすばらしさを改めて思い知った。

一九八四年プレ・モンスーンとポスト・モンスーンの二回にわたってナンガ・パルバットにでかけた。プレは四人で、ポストは単独だった。いずれも登頂はできなかったが、ヒマラヤの高所登山の厳しさと楽しさを経験した。また集団登山、少数登山、単独登山を通して、今までの登山の人間関係のおさらいをした。

こうしているあいだに、ウータンクラブ（編注：長谷川が組織する登山グループ）の仲間が奔走し、中国との折衝を始めて、チョモランマの北壁と北東稜の登山許可を取得してくれた。私は、一九七三年には思いもおよばなかったエベレストに、再び行くことができる。夢のようなことだった。

一〇年ぶりのチョモランマ

一九八五年八月、私は一〇人の仲間とともにチョモランマのBCに入った。ネパール側から見た山容とは違っていたが、それは一二年前、私の二十代の青春をかけたまぎれもないエベレストだった。

当時二五歳だった私は、登山隊に影響をおよぼすような発言も行動もできなかった。ただ大きな組織のなかで、自分のできることを精いっぱいやったにすぎない。あと四八〇メートル登れば、頂上に立てることも知っていたが、ただただサポートに徹した。

今、チョモランマのBCに立つとき、隊長である私は隊員全員の思い出に残るようなすばらしい登山をしなければならない。また、私自身、あのとき果たせなかった四八〇メートルの高度を登りきることに夢と希望を抱いた。

登山は順調に運び、九月の中ごろには北東稜の八〇〇〇メートルを難なく越えていた。しかしそんなとき、石井慎一隊員が雪崩に巻きこまれて行方不明となってしまった。必死の捜索にもかかわらず、彼を見つけ出すことはできなかった。登山を中止するか続行するか迷ったが、登山を続けることが彼の遺志を継ぐことであると思い、続行した。

だがそれ以降、嵐《あらし》に襲われ、身動きがとれなかった。ガスコンロの操作を誤りテントを焼き、やけどを負った隊員も出た。また足の指を凍傷に侵された隊員もいた。私も何度か雪崩に流され、九死に一生を得た。登山終了時には大雪に見舞われ、ＡＢＣからの撤収も容易ではなくなった。ひとりの隊員を失い、凍傷で指を七本失う隊員が出たことの悔しさを抱きながら、ＢＣをあとにした。

もう一度、チョモランマに来よう、私はそう誓った。

帰路、北京《ペキン》に立ち寄ったとき、私は次の登山を中国登山協会に打診した。そして一九八七年の十月から翌年の一月までの登山許可を取得して帰国した。

高所順化のできた小人数の隊員構成で、小回りのきく登山を考え、早くから隊員を決め、その準備に当たった。私の生活は、チョモランマ登山一色になっていった。

準備期間中は、寒さへの対策が徹底的に行なわれた。登山靴はＩＣＩ石井スポーツの靴工場で何度も検討しながら作られた。内靴はゴマフアザラシの幼獣の毛皮を使い、外靴は中にコルクを入れ、寒さを防ぎながら軽量化をはかった。靴ひもは一本も使わず、ザックのとめ具とベルクロでとめるように工夫をこらした。高所テントも舟底型のものを用い、強風対策を施した。細心の注意を払って準備をしたのだ。

準備も整い、いざ出発しようとした矢先、一九八七年十月一日を前後して、チベットでは動乱が発生した。かろうじて先発のふたりはチベットに入ったが、それと同時に、中国政府は外国人のチベット入境を禁止した。私たち本隊は北京で足止めをくらってしまった。またＢＣでは六〇年ぶりという大雪が降り、ＡＢＣへの荷上げがまったくできず、さらに、ＢＣまで行くのにも、積雪で車が使用できないありさまだった。

十一月の初旬、ようやく私たちはBC入りをし、先発隊の二人と合流したが、予定は大幅に遅れていた。十二月に入ってようやくABCを設置したとき、目の前の北東稜では強風により雪煙が真横に走っていた。その光景を見た私は愕然《がくぜん》としてしまった。またノース・コルへのルートはいまにも雪崩れそうで、とても取り付くすべなどなかった。

八五年のときに雪崩で亡くなった石井隊員の冥福《めいふく》を祈るため、氷河を登っていったとき、北東稜と東北東稜の間にあるクーロワールに目がとまった。そして雪におおわれているときではわからない上昇バンドがあることに気づいた。北東稜の陰になり、下部は比較的風を受けづらい。私はこのルートを採用した。

ところが、時期的にはすでに遅かった。チベット動乱や大雪で遅れた分をとりもどそうと登山期間を延長し、私はねばりにねばって登山を続行した。テントに大きな穴のあくような落石を受け、私を含めた三人は偶然にも命拾いをしたが、落石の危険が多いことや食料、燃料の欠乏から、二月の下旬には登攀を断念せざるを得なくなった。たびかさなる登山の失敗にもかかわらず、私のチョモランマへの情熱は衰えることがなかった。

初めてエベレストに行ったときは、この山にふれることができただけで登れなくとも幸せだった。しかしすでに、夢にも思わなかったチョモランマに二度も来られる環境ができていた。

「もういちどチョモランマに来よう」

雪崩で亡くなった石井隊員の夢を果たすためにも、新ルートと出会い、その半ば以上まで登っている今、どうしてもこのルートから頂上へ登りたいと思った。

八八年冬、三度目のチョモランマ

三度目にチベットを訪ねたのは、それから半年後の一九八八年十月のことだった。今回は二回の経験を充分に活《い》かすことができ、荷上げも、ルート工作もすべてにわたって順調に進んでいた。

十月十日に私がＢＣ入りしたときは、先発の内海と星野のふたりによって、すでにＣ１（五八〇〇メートル）、ＡＢＣ（六五〇〇メートル）が設営されていた。私と内海、星野の三人は高度順化もスムーズに進み、十月末には、北東クーロワール七三五〇メートルのＣ３予定地に、ほとんどの装備を上げることができた。強風のために何日か行動が妨げられたが、十一月中旬には七八〇〇メートルまでのルート工作と荷上げを完了していた。

ところが十一月二十三日、星野の誕生日の夜から吹き荒れた強風とブロック雪崩のため、C3をつぶされてしまったのである。私たちはABCにとどまらず、C3から一気にBCに下っていった。BCも砂嵐が吹き続け、表に出るのも困難を極めた。嵐は一週間も続いた。

十二月一日、ようやく風も収まり、行動を開始したが、登山期間はあと二週間を残すばかりだった。

C1からABCに着いたとき、私たちは愕然とした。半ば予想していたことではあったが、ABCのテントがなかったのである。強風で倒されたのだ。周りにはテントと同じ高さほどの石垣を築いてあったが、なんの役にも立たなかった。仕方なく、倉庫用に持ってきた予備のテントを張り直し、ABCを再建した。

翌日、C3に向かったが、上部のフィックス・ロープは頼りなく、手もとにたぐり寄せることができるほどだった。中間のスノー・バーが抜けていた。慎重にかつ丹念にロープを張り直し、C3に到着したが、テントはコチコチに固まった雪の下に埋まり、とうてい掘り起こすことができなかった。夕闇《ゆうやみ》から夜間にかけての下降でABCまでもどったが、翌日からも強風が吹き荒れ、C3を再建したのちは、猛烈な風と気温の低下のため、まったく行動できず、ついに登山を断念せざるを得なかった。十二月二日のことである。

つきぬチョモランマへの思い

この三回のチョモランマ登山を振り返ってみると、七三年の第二次RCCエベレスト登山隊のときに果たせなかった夢とチャンスが訪れたことで、喜びと希望に燃えていたのが最初の登山であった。ダウラギリやナンガ・パルバットで登れなかった敗因は、天候に左右されたためであって、私自身は高度による障害もなく行動ができた。そのため、天候さえよければチョモランマの登頂の可能性はかなり高いと思い、登山ルートを北壁と北東稜とに二本設定し、私は北壁を単独で登り、北東稜を下降路に使うつもりでいた。ほかの隊員は北東稜から頂上をねらった。

もちろん私も北東稜で高度順化をしたのちは、単独で北壁に向かうことにした。それはナンガ・パルバットのディアミール側メスナー・ルートの七六〇〇メートルまで単独で登ったことが自信となったからだ。

実際に、チョモランマの北東稜では八二〇〇メートルまで登ったが、さほどのつらさを感じなかった。天候さえ許せば、頂は目前だった。雪崩事故後は、大雪で退路を阻《はば》まれたり、また北壁に取り付くチャンスを失ったが、ピークへの自信は揺るぎないものであった。

次の登山許可を取るときには、冬しか許可が下りないことを知りながら、申請したのもこの自信からであった。ただ、冬季という未知数から単独は無理と判断し、二、三人の仲間とチームを組むことにした。

ところが、徹底的に準備したにもかかわらず、二度目のチョモランマ登山も失敗に終わってしまった。想像を絶する寒さと猛烈な強風はいまだかつて経験したことのないものだった。小さいテントのなかでは、自分とテントのあいだに放電が起こり、ナイロンをさわるだけで電撃が走った。

だが、北東壁にルートを見い出すことができた。これは私にとって新しい希望であった。新ルートから、自分で切り拓《ひら》いたルートから、頂上をめざす新しい可能性が生まれたのだ。北東クーロワールに向かう上昇バンドを、十二月二十四日に突破したことで、クリスマスバンドと名づけた。私はこのとき、チベット動乱がなく、大雪もなく、もっと早くこのルートに取り付いていたなら登れたのではないかと思った。北東稜からの登頂は頭の隅から消えていた。また、想像を絶する冬の厳しさから、単独は考えられなくなっていた。苦楽をともにしたこのふたりと、また再び来ようと誓いあったのだ。

三度目のチョモランマはある意味では気が楽になっていた。半年ぶりのチョモランマはまるで我が家に帰ったような安堵感を与えてくれた。今度こそと思う私は、酒を断つことを決意した。二〇年以上とぎれることなく飲んできた酒。回教国パキスタンですら、欠かしたことのない酒を断った。私が無事に帰ることを願って、これまで何人かの友人が酒を断ち、お茶を断っている。今まではありがたいと思いながらも、こんな気持ちになったことはなかった。だが今回は私の心のなかに、なにか大きな変化が現われていた。

雪崩に遭遇しながらも助かったり、落石に遭ったときも場所を移動し、ヘルメットをかぶっていたことによって救われている。場所を移動していなければ、隊員が重傷を負うか、死亡しても不思議ではないほどの大きな落石であった。運がよいといってしまえばそれまでだが、私にはそうは思えない。多くの人の思い入れが、私や仲間を救ってくれているのだとしか思えないのである。そうした人たちが酒断ちをして心配していてくれるにもかかわらず、私がチョモランマで酒を飲むことが、果たして許されるのだろうか。

きっとみな、気分転換のためには酒も必要だと思い、許してくれると思う。しかし今度ばかりはそうしたことに甘えず、自分を厳しく律したいと思い、実行した。

今までの登山でも感じていた危険に対する感覚が、今回はよりいっそう鋭くなったようだ。また、以前の私なら、もう少し、もう少しとねばるのだが、いくらねばってもだめなものはだめ、ということがわかってきた。

食料や燃料は充分にあり、登山期間を延長することは可能であった。前回のときは延長したが、気力だけが先行し、一〇キロもやせてしまった体では、たとえ好天が訪れてもなにもできなかったと思う。また、寒さと強風をがまんして、ジリジリ登ったとしても、それほど長い距離を登ることができないことを、いやというほど味わっていた。

今回も最後にC3から上部に上がろうとしたとき、フィックス・ロープはズルズルと手もとにたぐり寄せられるし、一歩前進するごとに、分厚い手袋の上から指をマッサージしなければならないほどの厳しい寒気である。足の感覚もなくなり、いくら足の指を動かしても、その感覚はもどらなかった。

こうしたなかで登山を続ければ、指を失いかねない。冷静にルートの先の長さを考え合わせると、これ以上はとても登れないという答えが自然に出てきた。

内海は手が凍傷になったにもかかわらず、オーバー手袋のなかにホカロンを入れて、荷上げをしていた。星野は重い荷を担《かつ》ぎ上げ、また北東クーロワールで一日五〇〇メートルのルート工作をこなした。各人が各様に努力した結果、自然現象の困難さから登山を断念するときが来ていたのかもしれない。無念という気持ちより、むしろ当然と、みんなが受け止めた。残念だとは思うが、こうした気持ちで山登りを受け止めないと、無駄な死を招き、手足の指を切ることになる。また、仲間の精神的なつながりをモットーとする登山隊でありながら、いがみあい、憎しみあったりする結果となることもある。

＊

私は単独登攀をしているとき、物理的にはひとりであっても、多くの人に精神的に支えられていた。山が困難になるにしたがって、自分ひとりの能力ではどうすることもできなくなったとき、仲間に支えられてきた。過去三回のチョモランマ登山がそうだった。

単独登攀でも小人数でも、また集団で登山をする場合も、内に外に、よりよい人間関係を築くことによって、すばらしい登山ができると思う。またすばらしい登山を共有することで、よりよい人間関係ができるのだとも思う。

次にチョモランマの未踏のルートへ行くときは、こうした人間関係に支えられながら、新たな課題と出会うにちがいない。自然は絶えずその表情を変え、まったく別の人間に出会うように、私や仲間を迎えてくれるだろう。

チョモランマへの見果てぬ夢が、私のなかでまたふくらんでいく。

解説　未完の北壁

一見すると不愛想に思えるが、登山家の長谷川恒男は饒舌《じょうぜつ》な人だった。特に酒が入って興に乗ると、話し出したら止まらないほどよくしゃべった。一九四七年生まれの、まさにベビーブーマー。「団塊の世代」のなかにあって、自己を主張しなければ、いつのまにか圧倒的な多数のなかに埋没してしまう、そんな世代のひとりだった。だから文章に残し、表現することにもこだわりをもっていた。

一九七九年、冬のグランド・ジョラス北壁の登攀に成功して、世界初のアルプス三大北壁冬季単独登頂者となって、一躍その名が知られるようになると、堰《せき》を切ったように彼の半生記が出版された。少年時代や若いころの岩登り、アルプスの北壁登攀に関したものが多かったが、しかし活動の舞台を南米からヒマラヤへと広げて以降、書籍として出版されたのは『山に向かいて』(福武書店、一九八七年)の一冊だけであった。

登山ガイドの仕事が軌道に乗り始め、日本山岳ガイド連盟の設立にも奔走し、カルチャーセンターの講師など十有余の登山グループの世話人もしていたから、彼の日常は目の回るようなスケジュールに追われていたはずである。しかもダウラギリ、ナンガ・パルバットからチョモランマ（エベレスト）へ、毎年のようにヒマラヤの八〇〇〇メートル峰登山を続けていたのだから、とても落ち着いて本を執筆する余裕などなかったのであろう。

ちょうどそのころ、「山と溪谷」の編集部にいた私は、何度も長谷川の事務所に顔を出し、ヒマラヤから戻ってくるたびに原稿を依頼していた。一九八四年の春と秋に続けて挑んだナンガ・パルバットの報告も、一九八五年から三回にわたって続けられたチョモランマの挑戦も、ガイド業とヒマラヤ登山の両輪をフル回転させていた当時、わずかな時間のあきを狙《ねら》い撃ちするようにして頼んだものである。本書に収録した『『チョモランマ』見果てぬ夢』は、都合四回にわたる長谷川のエベレスト登山を振り返り、総括してもらったときの記事である。一九八九年三月号に掲載されたものだから、その前年の年末、チョモランマ遠征後、チベットからの帰国を待ってすぐ頼みにいった。当時の回想も含めて、記録というよりはチョモランマに魅せられ、登頂に賭けた心情を中心にして綴ってもらったものだ。

チョモランマは、長谷川のなかでもやはり特別に感慨深いものがあった。一回目の挑戦は一九七三年秋の第Ⅱ次ＲＣＣ隊、大きな組織の若手隊員として参加したときのもので、サミッターのサポートに尽力したが、同時にいやというほどの苦渋も味わわされることになった。隊長として参加した一二年後の一九八五年、チベット側から挑んだが、ここでは親しい隊員を雪崩で亡くすという悲劇にも見舞われた。すでにエベレストは、南西壁、北壁などのバリエーション・ルートからのアタック、無酸素・少人数での挑戦、そして厳寒の冬季での試みなど、より厳しい条件での登山が主流になっていた。八七年、八八年の二度にわたる「北東クーロワール」からの挑戦も、最も厳しい冬季に、バリエーション・ルートから無酸素で挑むという長谷川らしい果敢な試みだった。

しかし、あとになって結果だけを見れば、ヒマラヤではとうとう一度も登頂することがかなわず、ことごとく敗退している。長らく「アルプス三大北壁冬季単独初登頂」という栄光がついてまわり、一方ヒマラヤでは「無冠」が続いていただけに、やはり「登頂」の二文字がのどから手が出るほどほしかったに違いない。

冬のエベレストの強風に翻弄《ほんろう》された登山がひと息ついたころ、長谷川はパキスタンの未踏の七〇〇〇メートル峰への誘いを受け入れることにした。その恰好《かっこう》の標的となったウルタルII峰は、当時、未踏峰の中では世界第三位の高さを誇っていた。アプローチが短く、わずかな時間でベースキャンプまで行けるというメリットがあるうえに、ハイ・キャンプ以降は鋭い岩稜と錯綜《さくそう》した稜線を形成し、複雑で困難な登攀が求められる、実に魅力的な未踏峰だった。それまでことごとく失敗しているヒマラヤの高峰への登頂が、七〇〇〇メートル峰とはいえ、より現実味を帯びたものとなる。しかも「登頂」に「世界初」の文字まで加わるとしたら……。チョモランマでかなえられなかった「見果てぬ夢」が、手の届くところまできていたのだ。

しかし、長谷川は、一九九一年一〇月、雪崩によって実にあっけなく死んでしまった。未完のまま、私たちが期待していたチョモランマの本もウルタルII峰の登頂記も書かれることはなかったのである。

第五章　山の魔力に憑《つ》かれて

Mr.ハクパ・リタ・シェルパ

加藤慶信

加藤慶信（かとうよしのぶ・一九七六～二〇〇八）
山梨県生まれ。明治大学入学後、山岳部に入部。卒業後は登山道具店に勤めながら、ヒマラヤの高峰で多くの記録を残す。一四座ある八〇〇〇メートル峰のうち八座（マナスル、ガッシャブルムⅠ／Ⅱ峰、ローツェ、アンナプルナ、エベレスト、チョ・オユー、シシャパンマ）に登頂。二〇〇八年、チベットのクーラカンリで雪崩《なだれ》に遭い死去。

「ハクパさん、あなたとまた一緒に登りたかったよ」

それはあまりにも唐突であった。いや、山での死はいつだって唐突なものであるのか。

２００６年10月22日。僕にとって、いや僕らにとって忘れることのできない大切な仲間の命が、あのアンナプルナの壁に消えた……。ハクパ・リタ・シェルパ（ソロクーンブ ポルツェ出身）。アンナプルナⅠ峰南壁英国ルート６２００ｍ付近で雪崩により遭難。享年35歳。遺《のこ》した家族は妻と息子２人。

彼との最初の出会いは97年の明大マナスル隊（大塚総隊長、三谷隊長）だった。はにかんだ笑顔が素敵な好青年といった感じだった。まだまだ経験はそんなに多くなく、アタックメンバーには入らなかったが、大いに僕たちをサポートしてくれた。

そして次に出会ったのがその５年後、02年明大ローツェ隊（三谷隊長）。彼は多くの経験を積み、とてもたくましく強い男になっていた。このときは高橋（和弘）さん、森（章一）、僕とともに第1次アタック隊としてローツェの頂を目指した。素晴らしいスピードで、ほぼ常にトップを登り僕らを導いてくれた。頂上では悠然とタバコをふかしていた。さらに驚くべきことに、その日のうちに3200mも下にあるBCまで一気に駆け下ってしまった。そのときから僕は、彼の背中を羨望《せんぼう》のまなざしで追いかけるようになった。

そして03年明大アンナプルナ隊（平野総隊長、山本篤隊長）。もちろん彼もともにいた。雪崩、落石、悪天、50日間に及ぶ厳しい闘いであったが、彼はいつだって勇気ある行動を示してくれた。ドリームプロジェクトの最後の頂に彼はいた。この遠征中に、2人目の息子さんが生まれ、そのことをうれしそうに話してくれたことが印象に残っている。

05年5月27日。僕は長年の夢であったチョモランマの頂にいた。しかし下降時に視覚障害に陥り生死を彷徨《さまよ》った。7900mのキャンプに一泊した後、意識朦朧《もうろう》としながら、ABCを目指していた僕に誰かが突然声をかけてきた。そして抱きしめてくれた。

「加藤おめでとう、よくやったな、本当におめでとう」

この声にどこにあったか分からない僕の意識が現実に一気に引き戻された。韓国隊に参加していたハクパ・リタさんだった。彼は強く抱きしめてくれた。このとき彼が与えてくれたぬくもりをいったいどう表現できるというのか。忘れることができない、優しい優しいぬくもりだった。

そして結局最後となってしまった06年マナスル・ガイド登山（山本篤隊長）。このときも常に先頭でともに50ピッチ以上のフィクス工作をサポートしてくれた。頂上アタック時、苦しいラッセルの中、最後に突き抜けたのはやはり彼の力だった。もう押すに押されぬ最強のシェルパの一人だった。

もちろん強いだけでなく、どんな状況でも気を遣ってくれる心優しい紳士だった。この登山終了後、彼は引き続き別のアンナプルナ南壁隊のサーダーとして参加が決まっていた。彼が出発する前日にカトマンズで一緒にお茶を飲んだ。

「くれぐれも気をつけて下さいね」

「ＯＫ、大丈夫、慎重にいくよ。また会おう」

僕たちは再会を楽しみにしてがっちりと握手を交わした。それからわずか10日後、彼はアンナプルナに逝《い》った……。

信じる、信じないの問題以前に、そんなことがあるわけないと自分に言い聞かせた。

そんなバカな、ありえない……。

この1年、心を整理できないでいた。ただ自分の中でさまざまな思いを巡らす中で「彼の生まれ育った場所を見てみたい」「彼の遺《のこ》した家族に会って、そして伝えたい」。そう思うようになっていた。そしてこの年の年末年始、春に骨折した足のリハビリも兼ねて僕はソロクーンブのポルツェを目指した。

*

12月28日、危なっかしい飛行の後、5年ぶりにルクラに降り立った。今回はシェルパの里をいくつか訪ねてみようと思っていた。どんな所で育てば、あんな強くなれるのだろうかと。エベレストに無酸素で10回登頂しているアン・リタ・シェルパの里ターモ。エベレストに18回登頂しているアパ・シェルパのターメ。そして我らがパルテンバ・シェルパの里クムジュン。そんな村々に触れながら、12月30日ポルツェを訪れる日がやってきた。

クムジュンからその村を目指す。この道をハクパ・リタさんは何度歩いたことだろう。登山の後は、待っている家族に久しぶりに会うのを楽しみにして、いつものあのスピードでここを歩いていたはずだ。しかし1年前、ついに彼は帰りの切符を手にすることなくその生涯を閉じた。

山肌の切り立った道を1時間半程行くと、ポルツェの村が谷を挟んで向こう側に見えてきた。まるで空中に浮いているかのようにそれは在った。谷に向かって400m下り、橋を渡って300m登り、目的の場所に辿《たど》り着いた。この村は主要なトレッキングルートからは少し外れているため、これだけ多数のトレッカーたちが押し寄せるようになったエベレスト街道の中にあって今も静けさを保ったまま佇《たたず》んでいる。

80棟程の建物に300人ぐらいの人が暮らしているという。早速村人にハクパ・リタさんの家と家族の居場所を尋ねてみた。そして、それはすぐわかったのだが、彼の妻と子供たちは数日前にカトマンズに行ってしまったという。元々約束をしていたわけではないのでしょうがないことだが、実は僕は少しホッとしていた。なぜなら土壇《どたん》場《ば》になって会うのが怖くなっていたからだ。この1年、遺された家族は悲しみに打ちひしがれて過ごしてきたに違いない。そんな彼らに僕は会って何ができるというのか、どんな言葉をかけられるというのか。正直わからないままで、ここまで来てしまった。ここに来ることによって僕は自己満足し、心を少し整理できるかもしれないが、結局彼女らに何もできないのではないかという無力感に襲われ、結果、会うのが怖くなっていたのだった。なんて情けないことなのか。自己嫌悪に陥る。

それでもせめて彼らの住んでいた家だけでも見てみたいと思い、村人に案内してもらう。主人を失《な》くしたその家は、山肌によくなじんで、ただ少し寂しげにそこに建っていた。この家にあのはにかんだ笑顔で帰ってくるはずだった。この庭で山々の息吹《いぶき》を感じながら息子たちとともに遊び、彼らの成長を見守るはずであった。しかし彼はもうこの家には帰ってこない……。胸が締め付けられる。しばし黙禱《もくとう》を捧《ささ》げさせていただく。

それからカルマ・リタさんというシェルパが主人のロッジを今日の宿に決め、僕の知り合いのシェルパたちがこの村にいるかどうかを尋ねてみたところ、アンナプルナ、マナスルで一緒だったハクパ・ヌルさんとフータシさんが今村にいるということで、すぐに彼らは僕に会いに来てくれた。

久しぶりの再会をお互いに喜び合い、しばらくいろいろなことを語り合った。彼らがハクパ・リタさんの死について、深く心を痛めていることは言うまでもない。そしてシェルパの死について、彼らの担《にな》っている仕事のリスクについて話はさまざまな方向に発展していった。ハクパ・ヌルさんはこんな風に語った。

「私は2003年に明大アンナプルナ隊の後、2004年春に念願のエベレストの頂上に立つことができた。それは私の生涯の中でも最高に幸せな瞬間であった。しかし高峰の仕事はあまりにもリスクが大きい。私にも妻と2人の子供がいる。家族のためにお金は必要だが死んではだめだと思った。そして結局クライミングシェルパとしての仕事はあきらめました」

それに対してフータシさんは、

「私はまだ、今の仕事を続けようと思っている」

短くそう語った。彼にも妻と2人の子供がいる。

彼らと話をしていて、改めて気付かされたことは、彼らがハクパ・リタさん以外にも同じように村の仲間の死を何度も経験しているということだ。皆が家族のように親しく暮らしている。300人程しかいないこの村の中だけ見ても、数年に1度は20代30代の若い尊い命が山に召されるという現実はあまりにも残酷なことではないだろうか。この村そのものが、その絶対的に小さな面積と少ない人数で、計り知ることのできない大きな悲しみを背負っているとも言えるかもしれない。それでも彼らは前を向いて、厳しい環境の中で力強く生き、未来を作っていかなければならない。彼らは言う。

「私たちは、ほとんどのものが、自分の子供たちにハイポーターとしての仕事をさせたくないと考えています。そのためには他の仕事に就けるようにカトマンズでちゃんとした教育を受けさせなくてはならない。そして、そのためにはお金が必要です。そのお金をどうやって稼ぎ出すのか？　そこに私たちの葛藤《かっとう》があるのです」

20年後、30年後、シェルパ社会やヒマラヤ登山というものがどのように変わっていくのであろうか？　もし同じような歴史と宿命の中で彼らが生きていかなければならないとするのならば、その事実が意味する深淵《しんえん》は、おそらく僕たちの理解できることのはるか彼方《かなた》にある。ただ少なくとも彼らと一緒に登るのであれば、彼らのことを知ろうとする努力は不可欠だ。彼らの命の重さが自分たちの命の重さと同じであるという当たり前の事実を忘れてはならない。彼らに安全と幸を、そう祈ることを忘れてはならない。絶対に。

太陽が沈みかけ、あかね色に染まるこの静かな村を改めて眺めながら、ハクパ・リタさんの姿に思いを馳《は》せる。彼はなぜ死ななければならなかったのか？　山での死について、もっと真剣に考えなければならない時がきている。いやもう遅すぎるのか。思考が袋小路《ふくろこうじ》に迷い込む。いつものことだ。しかしこの問題から逃げることは許されないのではないか。山を続けるのであれば、この問題に正面から向き合い、悩み考える義務があるはずだ。

それにしても、ここに流れる風のなんと穏やかで優しいことか。この景色の中で彼は妻や子供たちと何を語らい、何を感じ、どんな未来を想像していたのだろうか？「風景とは、言いかえれば、人の思い出の歴史と言えるのかもしれない」——そう言ったのは写真家の星野道夫さんだ。そして今、僕の目の前にあるこの泣きたくなるような美しい夕景の中に彼の思い出は間違いなく存在している。来てよかった。ただそう思った。

翌日出発時、フータシさんとハクパ・ヌルさんが見送りにきてくれた。フータシさんは「加藤さん、また一緒に登ろう」と。ハクパさんは「今僕がつくっているロッジに今度は泊まりに来て下さい」と。彼らの笑顔が失われることのない未来を祈りたい。何となく後ろ髪を引かれるような思いで、優しい朝の陽に包まれたポルツェをあとにした。

その後、ローツェ南壁の麓《ふもと》チュクンまで足を延ばし、まだ何人にもその頂を許していない1月のエベレスト、ローツェ、マカルーなどの山々にたくさんの刺激をもらい、1月7日、混沌《こんとん》と喧騒《けんそう》のカトマンズに戻った。

僕はすぐにこのカトマンズに来ているというハクパさんの家族にコンタクトをとった。すぐ連絡がとれ、いつもお世話になっている現地エージェントのコスモトレックに来てくれることになった。

＊

青空広がる午後、ハクパさんの妻、2人の息子、姪《めい》っ子さんの4人が会いに来てくれた。簡単な自己紹介を済ませ、僕たちは近くの食堂で一緒に食事をとることにした。6歳と4歳の息子さんたちは思っていた以上に幼く見えたが、2人ともにその無邪気な表情にハクパさんの面影を見ることができた。

彼らは父の死という事実をいったいどれだけ理解しているのだろうか？「死」という概念と意味を漠然とでも分かってはいても、自分なりに気持ちを整理して、前を向いて生きていくことにつなげていく過程を紡《つむ》いでいくこともできずに、ただ当惑し胸を締め付けられているのではないだろうか。そして、それを見守る母のつらさも、僕の想像を超えたところにあるのだろう。

今僕が何を言っても無力だ。そんなことは百も承知で、それでも僕は話した。あなたの夫が、父が、どれだけ勇敢で素晴らしい男であったのかを。自分を含めてどれだけの人間が助けられ、命を救われたのかを。そして彼にどれだけ憧《あこが》れ、感謝しているのかを。うまく伝えられたかわからない。ただ、何の意味もないかもしれなくても、このことを伝えたいという衝動をどうしても抑えることができなかった。それはやはりエゴなのかもしれない。だけど1人の人間がその生涯で放った強烈な光の影響とその証《あかし》を語り継ぐことは決して悪いことではないと、いや生きている者の義務であると、僕は信じていた。

一緒にいた短い時間の中で彼らが見せてくれた、はにかむような笑顔が印象的であった。ただ最後に見送るときに、それまでずっと気丈な態度で接してくれていた奥様の見せた涙を見たときにはどうしようもなく切なくなった。

またいつの日か、この家族に僕は会いたいと思う。そしてそのときにはまた伝えたいと思う。命を賭《と》して僕たちを守ってくれたハクパ・リタという1人の男への大きな感謝の気持ちを。

ハクパさん、本当にありがとう。ともに過ごした濃密な時間も、ともに仰いだヒマラヤの青い空も、見た風景も、あなたがくれたぬくもりとともに生涯忘れることはありません。そして、あなたから受けた恩をいつの日か返したいとそう思っています。

解説　大学山岳部の伝統

明治大学山岳部に「ドリーム・プロジェクト」という、ヒマラヤ八〇〇〇メートル峰一四座の完全登頂を目指す計画が立ち上がったのは一九九九年のことだ。一九七〇年、日本人初のエベレスト登頂を果たした植村直己《なおみ》もOBの一人で、以後、派遣母体は異なっても明大山岳部出身の誰かが八〇〇〇メートル峰に登り続けていた。残り四座に迫ったところで、あらためて、OB会長の発案によってこのプロジェクトが設定された。

彼らがこうした登山を続けられたのも、高所で活躍できる人材と環境が豊富にそろっていたからに違いない。二〇〇三年、明大隊のアンナプルナ南壁登頂で、一四座登頂のプロジェクトは完遂された。先輩から後輩へ、三三年かけた思いが受け継がれ、バトンがしっかり託されてきたのである。

一九九四年に入学した加藤慶信も、このプロジェクトの終盤を中心になって支えてきた一人だった。加藤は、『岳人備忘録――登山界47人の「山」』（東京新聞出版部、二〇一〇年）という書籍の「30の質問」に答えて、明大山岳部イズムを次のように語っている。

「最初から強い人間なんていない、どんな人でもトレーニングを積んで強くなっていくんだという思想が根底にありました。それとチームワーク。個としての力は優れた人はたくさんいるかもしれないけど、チームとなったら、（中略）それも明治の各世代の人がいろんな登山を実践し、それを継承して伝統として積み上げてきたことの結果」

加藤は、そのチームワークを一番の誇りに思っていたとも答えている。

この時代、どこの大学山岳部も部員の減少や獲得、育成に切迫した問題をかかえていたが、明治大学山岳部は先の「ドリーム・プロジェクト」のように世代間の継承がうまくいっている数少ない大学の一つだった。ＯＢ層が厚く監督やコーチなどのバックアップ態勢が整っていることも大きな特長といえるだろう。

しかし、そうした先輩たちに支えられ、ヒマラヤの高峰で実力を発揮してきた加藤も、一瞬の雪崩によって亡くなってしまった。二〇〇八年一〇月一日、チベットの高峰クーラカンリに挑んでいた加藤は、同行していた二人の仲間とともに雪崩に飲み込まれ、帰らぬ人となってしまったのである。

加藤の遺稿・追悼集『ともに、あの頂へ』（自費出版、二〇一一年一〇月）は、先輩や同期、後輩たちの手によって編まれた追悼の書である。親しい仲間が集まって編集委員会ができ、父親・嘉晴の協力もあって、A5判の四七二ページにもおよぶ大部に仕上がった。各章ともに「足跡」で年代を振り返りながら、本人の遺稿や取材インタビュー、録画テープ、ブログなどを挿入し、友人・知人から集めた追悼文や座談会などによって、多角的に人物像を再現、俯瞰《ふかん》できるような構成になっている。終章には「語り継ぐこと」と題して、本書に収録したシェルパへの想いや、彼らがおかれた境遇に思いを巡らせ、山における生と死、残された家族への想いなどが綴《つづ》られている。その眼差しのやさしさがどの行間からもにじみでてくるようで、いかにも加藤らしい文章である。

加藤は、文章を書くことが好きだった。部室に備えられたノートにも膨大な量の文章を残しているが、その後も明大山岳部のOB会「炉辺《ろばた》会」の会報などに頻繁にエッセイ風の文章を綴っている。植村をはじめ何人ものOBたちが著作を残し、プロの作家やライター、編集者として活躍している人も多いが、加藤もそうした彼らの遺伝子をしっかり継承しているのだろう。

ところでこうした「遺稿・追悼集」が刊行されるようになったのは、一九五〇年代半ば以降のことで、日本がマナスル登頂ブームに沸きかえり、それに比例して遭難が多発した時代と符合している。内容や体裁も千差万別で、ガリ版刷りの小冊子から箱入りの立派な本まで多種多様だが、遭難記というジャンルが成立するほど登山界では遭難を扱った本が多かった。やがて遭難の態様が変化するとともにかつてのような「追悼集」も少なくなっていったが、故人の記録をきちんと留めておきたいという遺族の思いは、いつの時代でも変わることはない。

本書『ともに、あの頂へ』も、年月とともに記憶はしだいに薄らいでいくものであろうから、なんとか記録だけでも残しておきたいという遺族や仲間の強い思いによって完成した本であった。

加藤たちが亡くなったクーラカンリは、チベットとブータンの国境付近に連なる七五五四メートルの高峰である。そこはチベット文化の影響を色濃く残す地であり、死者の霊を篤《あつ》く弔う風習が引き継がれている地でもある。経文が書かれた祈禱旗《タルチョー》が強風に舞うチベットの峠から、やがてその霊は生と死が交錯する天空へ。どこまでも深い紺碧《こんぺき》の空へ向かって、霊はやがて還《かえ》っていくものと信じられている。

親しかったシェルパの死に悼みの言葉を綴った加藤と、その加藤もまたチベットの高峰へ逝ってしまったという「不条理」の連鎖――。それでも焚焼《ぼんしょう》の煙は天空へ立ち昇り、ヒマラヤの青い空に溶け込んでゆくに違いない。

明治の仲間たちの手によって編まれた『ともに、あの頂へ』は、加藤のやさしさを体現した鎮魂の書として、また大学山岳部のよき伝統を継承させたいという後輩たちの強い思いによって上梓された一冊なのである。

遺稿　中嶋正宏

中嶋正宏（なかしままさひろ・一九六二～八七）

福岡県生まれ。クライマーの父に連れて行かれた穂高で登山を知る。日本大学の山岳部から社会人山岳会「登攀《とうはん》クラブ蒼氷《そうひょう》」に転じる。単独を含め、国内難ルートで数々の記録を残す一方、海外でもヨーロッパ・アルプス、米ヨセミテ等で活躍。ノルウェーのトロール壁では新ルートを開拓。一九八七年、冬の八ヶ岳、横岳大同心を単独登攀中に墜死。

'84ノートI

'84／6／20

自分が健康なのか、不健康なのかわからなくなってしまった。身体的にではなく、精神的にだ。

今年度になってから僕は山に集中してきた。その緊張感がとうとう一人歩きをはじめたのだ。山のことで頭は飽和状態にあり、そのことが苦痛になりつつある。このことは発展しようとする意志の表れといえると思うのだが。このような状態が本当に健康といえるか?

山ばかりの生活には疲れた。僕の登攀の方向――ビッグウォール・クライミング

――はたぶん変わらないだろう。しかし、これから先、より追求していくには、その登攀活動の困難度に見合う理由づけ、大義名分が必要であるように感じる。山を続けるための心を根底で支えるものが、今より強固なものにならねば、この疲労感が命取りになる。

6／24

生きる意欲をなくしたといったら言いすぎだろうか。

昨日、衝立《ついたて》（編注：谷川岳衝立岩）のA字ハング3P目でハーケンが抜け、四・五m墜落、右手薬指の第二関節を脱臼《だっきゅう》した。自分で元どおりに直し、テーピングをして下降した。現在激しい痛みはないが、かなりはれており曲げることができない。

登攀意欲が減退している。墜落、負傷、死亡にビビッテいるのではない。自分の置かれている立場の変化にとまどっているのかもしれない。

登攀意欲の急速な減退におしつぶされそうだ。このような不快感とは久しくお目にかかっていない。

どうやって情熱を維持するのだ？　ジョー・ブラウン、ドン・ウィランス、クリス・ボニントン、ダグ・スコット、みんなすばらしい人たちだ。

6／26
本チャンの感覚が鈍っていることを痛感して、フリーソロ・フィーバーがなりをひそめていたが、今日から元に戻ってきた。以前のような極度の興奮状態ではない。頭が完全に覚めた後の安定感のある意欲だ。
僕の内の山――登攀欲――が息を吹き返したと考えていいだろう。

7／13
死んだ時のために。
僕の考えは、このような日記に似た形式で書き留めてあるが、全《すべ》てではない。十分とはいえないまでも、僕を理解するうえにおいて参考になると思う。これらの文章は、他人に読ませるものではないので、興味はわかないかもしれないが、書いてあることの意味を考えてみて欲しい。そこには稚拙ながらも得るところの大きいものがあると思う。
小学校のそばの上竹整骨院の先生に、僕が死んだと伝えて欲しい。もちろん僕が本当に死んだ場合に限る。

「気をつけなさいよ」母親が僕に言うおきまりの文句だ。切実であるが貧弱な言葉だと思う。山に行く息子を心配する気持ちはわかるが、あの言葉には、何の具体性もなく、説得力に欠ける。僕の行動を理解できないから当然のことなのだが、同時にあの言葉の裏にある母親の気持ちを〝説得力がない〟として考えもしなかった、僕の心の貧弱さも感じる。

7／17

まじめな社会人に自分に関することを説明するのは気が重い。相手が親であれば苛《いら》立《だ》ちさえおぼえる。彼らが僕にマイナスの評価しか下し得ないことが明白だから、自分を証明してみせることが無意味としか思われないのだ。彼らが僕を望ましい存在とみないのはよくわかる。当然だ、経済的に独立していないのだから、そしてその見通しさえ立てていないのだから、彼らには僕がバクに見えるに違いない。

無意味だ、少なくとも現在は、実力が不足しているのだ。このような思いが僕を沈黙させる。

9／18

domestic な連中といるとむしずが走る。domestic な考えそのものがどうのこうのというわけではない。そのような考え方が多数派だからだ。多数派の人間の内には、無責任な安心感というものがある。僕はそういう連中のしたり顔に強い嫌悪感《けんおかん》をおぼえずにいられない。

僕の climbing の要因の一つはまちがいなくこの気持ちにある。domestic な人生、僕だって魅力を感じないわけではない。しかし、そういう生活にどっぷりつかって満足しきることはできないように思える。少なくとも現在の僕には想像できない。ひょっとして、ただ単にしたくないだけなのでは？

たしかに僕は domestic な連中に反感をおぼえる。しかし、いつまでもそういう連中と同じレベルでにらみ合う気はない。そういう連中を越えて、そういう連中を包括できうる人間になりたい。今の僕は弁証法の反の段階か、僕ははたして三様の変化をなしうるか？

多数者、観客、彼らは間接的には創造的行為に寄与している。しかし、僕はどうせなるなら直接的に、自分自身が創造主になりたい。

9／27

夏は僕が避けていた誘惑だった。平凡の象徴といえる、かなり魅力的なものであるが、入りびたりになれる類《たぐい》のものではないことは確かだ。よくわかっている、よくわかっているんだけど、目を向けたくなる不安定な状態であることも、十分自覚できている。たぶんそのうちに元に戻ることもわかっている。つぶされてしまう可能性がまったくないとは言いきれないが、僕は自分を信じている。自分が〝夏〟に満足する人間でないことを知っている。

10／2
今の僕の個人主義的な考え方では、遠人愛を理解できない。僕は自分を失うのがおそろしいから、他人を避けたがるのかもしれない。逆に言えば、それほど僕の自我は弱いのか。

11／25
実際に行動してみて、自らの活動を通して、他人の感性、思想に共感を覚えること、あるいは逆に反論したくなること、これを僕は心情的理解と呼ぶ。数式のように、頭だけで理解できるような類のものと人間が違う。ただ座って本を読んでいてもその本の著者の真意を理解できない。人間についての記述はそうなのだ。僕は本を読んでから、ある程度時間が経過して、急にその本の記述の内容が理解できたと感じる。記述されていた内容が突然僕を襲う。

人間を理解するための僕の活動は climbing だ。climbing を通してニーチェの思想がよりいっそう理解できると感じる。人間の暗い部分が見えてきた。僕の目に見える暗い部分を人に話したら、その人は僕をペシミストと考えるかもしれない。それほど、僕の目に見えるものは暗い影だ。しかし、不思議なことに、僕は萎縮《いしゅく》しない、おじけづかない。そう感じているだけなのか？ その問いの答えは、僕が活動し続けられるかどうかによって出る。僕が climbing あるいはそれに代わるものを追求し続けられるかどうかなのだ。

'84ノートII

'84／9　登攀

＊climbing は充実感を得るための手段。
価値体系、充実感は成長、発展することにより得られる。成長、発展するためには、負荷を自分にかけ無理することが必要。

以上のことは前からわかっている。何故《なぜ》climbing でなければならないのか？　この問いにたいする十分な解答が得られない。

権力意志＝自己実現欲。

climbing は手段、目的は充実感。充実感は発展、創造「自分自身の」と自負できるオリジナリティー。
＊普通の人生、僕は送りたくないが、消滅させるべきものとも思わない。その人生によって僕は物質面では当然のこととして、精神的にも生きていられるのだ。敵、反対

者、物のない充実した人生などありえるか?

*スランプに陥ると心細くなり、人恋しくなる。それを脱すると、他人はわずらわしくなる。

*見える! 私にも見える!

戦う相手は究極的には、自分自身だと思っていた。そうとしか考えられなかった。それ以上考えが及ばなかった。しかし、本当にそうなのか? もしかしたら自分自身は、戦うための手段、武器なのではないか? 自分自身と戦うという行為は、極度に内向的だ。内向的すぎる。内向的すぎる自分自身との戦いと、孤独な戦いとは、別だと思うのだが。

自己の中に大きな矛盾、対立、不安定さをまき起こしながらも、なお自分を戦いに従事させようとするもの、そのように強制するものは権力意志—謙虚な支配欲。より上位に位置し、より高く登り詰め、より多くを足下にすることを望む心。この欲望を満たすのに社会は必要でも、公《おおやけ》の競技会など必要ない。この心は、それほど見栄っ張りではない。権力意志は支配できない自分を許さない心だ。

＊自分が生きたいのか、生きたくないのかわからない。まったくアクシデントによる死、間ちがいなく僕はこれを待っている。しかし、自分で自分の首をしめるようなことは決してしない、このことも確かだ。僕は不可避的とも言える死がおとずれるまで、自分を追求し続ける。権力意志に従い続ける。苦しみ続ける。

〝〜力への、行為への最も力強い行為への道であり、しかも、大抵の場合は実際は不幸への道である〟

この意味がわかった。まさに僕はclimbingを通して自分を追求し、不幸への道を歩んでいる。

生きることは苦しみだと解釈した時、ニーチェの思想がより大きく迫ってくる。〝人間は苦痛をいとうものではない、その苦痛に意味さえあれば〟この言葉の持つ意味をより深く理解できたと思う。

権力意志に忠実であろうとすること、権力意志に従うまいとすること、どちらも苦痛だ。前者は満たされる過程にある苦痛、後者は満たされない焦燥感、無力感による苦痛。

多数派の生き方、感性に対する嫌悪感をかきたてなければ、山行前のプレッシャーに負けそうになる。

故障しやすい身体、これが僕の一番深刻な悩みだ。身体の故障から生じる身体的苦痛ではなく、ブランクが生まれることに対する焦《あせ》りの感情だ。climber にとって、故障しやすい身体とは大きすぎるハンディーだ。この問題に僕は悩まされているわけだが、まだ一人で耐えられる程度のものだ。そのうち一人で耐えられないほどの精神的ダメージを受けるかもしれない。誰かの助けが必要になるかもしれない。

こういう推測は〝死を拒絶しながら死を望む心〟と同じ理由によって生まれてくる、と思う。つまり僕の権力意志に従おうとする心は、一人で耐えることを僕自身に強いるが、権力意志に反抗しようとする心は、耐えることを拒否しようとする。

'85ヨーロッパ・アルプス

1 プロローグ

solo とその他の時の危険性に違いはあるか?

solo の時は行動を抑制する力が強く働き、そうではない時はその力が弱くなる。

solo の時、失敗は許されないが、パートナーと一緒の時は、ある程度許されるからだ。

この二種類の登攀形態で、死ぬのはいずれも不幸な偶然によるものだと思われる。

例、落石、雪崩、氷の崩壊、etc
上記二つの登攀形態の相違は、この不幸な偶然が起こった場合に生まれる。つまり、solo の場合、自分が負傷、墜落した場合、パートナーの助けを期待できないのだ。

僕が偶然に生き残っているとはいえないが、偶然が僕を殺さなかったとはいえる。

僕が solo の最中墜落しなかったことは、不幸な偶然がおとずれなかったことと考えられ、抑制された行動のおかげだ。

アクシデントさえなければ僕は絶対に落ちない。正常な状態にあれば、僕は絶対に登れる。自信を持てることも実力のうち、もちろん根拠のある自信でなければならないが。

solo＝無謀といわれるのは心外だ。soloを実行するには、それなりの準備をやっている。

偶然を過大評価しすぎると、必然は存在しなくなる。確率、起こりうる全ての事象、二回以上連続して起こる事象。そこには単なる確率、偶然ではない、なんらかの力の介入が考えられる。

偶然の積み重ねが必然か？　偶然というのは予測、計算が不可能なものであり、必然は予測、計算が可能なものである。この二つの概念は両極端に位置する。この両極のものがはたして実際に存在するのか？　この両極の間で全ては動いているのではないか？　傾向という概念がこの両極の間に位置している。傾向——予め《あらかじ》一〇〇％知ることは不可能であるが、ことの成り行きの方向性を知ることは可能である。

完全なる偶然と完全なる必然。全ての選択肢に同等の可能性がある。傾向性のない偶然があるか？　何の前提条件もない必然があるか？

二回以上連続して起こる事象を、偶然とはいいがたい。ソロの危険性がとやかくいわれるが、僕はこの夏八本のソロをやり、いまだに生きている。しかも一回のアクシデントもなかった。僕が生き残っているのは単なる幸運、つき、偶然のつみかさねでないことは明白だ。僕は必然的に生きている。僕がソロで死ななかったことは必然だ。しかし、僕の climbing に偶然の入り込む余地がなかったとはいえない。

僕がソロの最中に死ななかったことを偶然の積み重ねというには、非常に無理がある。確かに不幸な偶然、アクシデントは、僕をみまわなかった。そのためもあって、僕は死なずに生き残っている。しかし、このことがはたして偶然だけの産物か？

2　solo の実際

solo をやる前、計画段階

ソロの大前提、渇き。

第一に、どうしようもない渇きを感じること。渇き——欲望と表現するには無理がある。solo はこの渇きをしずめるための水か？　この渇きの感覚について追求すると solo のことから離れすぎる。欲望、退屈に対する抵抗、焦燥感、禁断症状。

solo で登りたいルートをさがし、納得の行く計画を立てる。「登れたらすごい！」

くてもプレッシャーが大きくなってくる。恐くてやめたくなる。登攀が成功しなくても、生きて帰れる計画を立てるため思いなおす。最悪の場合でも生きて帰れる計画を実行に移さなかったら後悔する。敗退ならまだ納得の余地はあるが、計画中止はすくいようがない。すくいようがないと感じることができるためには渇きが必要。渇きがなければしようがない、今の自分にはできないと考えてしまう。

禁断症状をていしていること、soloにかかるためにはまずこのことが必要だ。登りたくて指先が岩膚《いわはだ》を求めていなければ、soloは失敗に終わる。障害を越えるだけのエネルギーが蓄積されていないということだ。禁断症状があらわれたら具体的な計画を立てはじめる。自分の実力で登れるルート登りたいルートをさがし、もし登りきれなくても、生きて帰れるようにと考える。「登れたらすごい！」と思うような計画ができ上がる。自分の計画に夢中になる。しかし、計画が出来ると、とたんに不安になってくる。自分が予想もできないようなアクシデントにみまわれかねないからだ。自分の墜落シーンが頭に浮かびはじめる。恐くてやめたくなる。しかし、成功しなくても生きて帰れるはずだからと思い直しはじめる。「恐がる必要はない！」「計画を中止すれば必ず後悔する。敗退ならまだわかるが、計画中止はすくいようがない」

'86ノート

エッセイ（哲岳）

＊力の充実、生存、死。この三つの形態は隣どうし。

いくら力が充実していても、いや、充実しているからこそ、死は身近になる。普通の人は生存と力の充実の間で揺れ動く。「死んだらおしまいさ」この言葉が普通の人の口から発せられると非常に不快なひびきを持つ。死のそばまで寄ってみると、自分の生を実感できる。死のそばまで寄るほど、自分は強いのだと力の充実を感じる。死のそばにいる時は必死で、生を楽しむどころではないが。

真理は誰もが口にできるわけではない。

それには資格が必要だ。どう生きているかが問題だ。

＊かんおけに片足をつっこむ人間が最も強く生を実感する。「死は常にわるい、生きてありさえすればたぶん……」こんな甘ったるい、安っぽいヒューマニズムはごめん

だ。死のそばに寄ってみることもできない人間が、自分の都合のいいように価値の転換をおこなっているのだ。弱い生き方しかできない人間が、強い生を持っている人間に嫉妬《しっと》している。そして彼ら強い人間を詭弁《きべん》でもって自分の足下に置こうとしている。自分の価値体系の中にひきずりこもうとしている。「弱い人間と強い人間、はたしてどちらが正しいのか?」この問いは愚問だ。答えなんてありはしない。「はたしてどちらが素直か?」それは当然強い人間だ。彼らは弱い人間に嫉妬しない。弱い人間はどうだ。強い人間に嫉妬している。本当は彼らも素直に強さを体現したいのだ。

評論家になるか、自分を殺した人間になるか、この両方の性格を合わせもつか、追求しなければそういう人間になってしまう。

＊目的、このことにどれだけの意味があるのか?

僕はもっと登りたいとは思うが、～のために登りたいとは思わない。それにしても、一般常識――これは一体なんなんだ。普通の人々は筋道の通ったこと、言葉としてしっかり言い表わせられるもの、他人に間違いなく伝達できるレベルのものを重んじているように思える。一体どんな感性をしているんだ。いくら筋道が通っていても真実である証拠ではないのに。

目的意識、これは行動の原動力でなく方便だと思う。目的という理屈は、欲求のあとからついてくるものだ。

分解すればするほど、よりくわしく認識できるという信仰がある。

目的が先行すると、たとえば、〜のために登る。この中には、一つの外的価値観がある。

僕のclimbingの分析（それぞれの側面から）。

(1) 登ること以外考えないような登攀、僕はこれを熱望している。一方、僕の登攀能力は向上している。そのため、登ること以外考えられないような登攀をするためには、よりグレードの高い登攀対象に向かわざるをえない。

(2) 自己表現。僕にしかできない登攀、時代を先取りした登攀、創造的な登攀。

(3) 成長の確認、成長の感覚。

(1)、(2)、(3)がそれぞれ〝もう一度〟〝まだまだ〟〝もっと〟とくり返す。どんな登攀をやってもきまってそうだ。そして、どれもが上へ行くことを望んでいる。

登　攀

＊最近 solo の精神的な面での難しさを痛感している。いつも一人でいるのが悪影響を与えている。平地で一人で、山でも一人で精神のバランスが崩れている。登りにでかける決意が鈍る。ここ数日体調をこわしているからなおさらだ。

極端から極端に走ってやっとまた一つわかった。climbing の追求は技術面だけでなく自分の内面の考察も含む。これは必然的なことだ。追求とは知識の蓄積とは違うからだ。創造的な行為は既成の枠からはみ出して行われる。追求が既成の枠内で行われるはずがない。枠をつきやぶるから追求たりうる。

'87ノート

＊上へ登れば登る程〝重力の魔〟の力は大きくなる。〝登る理由〟が多くなると同時に〝登らない理由〟も多くなる。登る自分を正当化する強力な根拠をもって、多くの動機づけを行わねば重力の魔の前に屈することになる。

アルパインクライミングの場合、クライマーがおかれる状況が極端であるから、〝登る理由〟と〝登らない理由〟の大きくて鋭い対立が生まれる。なげやりな態度でごまかすことが許されない。ノーマルなフリーではプロテクションに守られて登るから「落ちてもともと、死ぬわけじゃないし」「登れる所まで登ってみよう」等と簡単に登る決心がつく。シリアスなアルパインクライミングでは、こうはいかない。失敗がそのまま死を意味する場合が多いのだ。

＊心が軟かくなったのを感じた。硬い心に耐えられるのなら耐えよう、耐えられずに破滅しそうだと感じたら心を軟かくしよう。

リラックスはしたい、がリラックスしっぱなしなのはいやだ。リラックスするには他人の存在が必要になる。自分から目をそらす必要がある。自分を見つめたい時、緊張したい時、登りたい時、他人の存在は不必要だけではすまされないものになる。はっきりいってじゃまだ。何という自分勝手な感性だろう。自分のことながらあきれかえってしまう。登りたいという欲求がある間、僕は一人の状態に甘んじなければならないかもしれない。完全な休息は許されない。登ることに疲れたら、他人によってではなく、自分で疲労回復につとめなければならない。落ちこんでも自分の力ではいあがらねばならない。「すべてはまちがっていた！」と叫び、ひざを屈する日が、僕にも来るのだろうか。(創造者の道・ツァラトゥストラ)

＊誇りは上へ向かうことをしいる。自分の能力の過大評価、盲信に陥りたくはないが、そのことを恐れるあまり過少評価をくだすことはおろかなことだ。誇りを捨ててはならない。さらに上へいくための手段として誇りを利用しなければ。

＊高いところから落ちる人間は惨《みじ》めだ。しかし、高いところまで登れない人間はもっと惨めだ。

＊アグレッシブな考え方に抵抗を感じる。以前の自分とは違う、情けない、腰まである水の中を必死で走ろうとしているような気分だ。上半身は自由に動くのだが、下半身が水の抵抗にあい、重い。こんなことじゃあ、僕の将来もたかがしれている。円満な人間関係とクライミング、どちらか一方を選択しなくてはならないなら、クライミングをとるべきだ。が、僕はあの人たちが好きだ。

言い訳なんて無限に存在しうる。いい加減な理由づけでクライミングから逃げてはならない。

Take away this pain!
道具がほしい　手段がほしい
苦しい　誰か　眠れない

＊停滞には後ろめたさが付きまとう。上へ行かないことには、もどかしさを覚え、弁明が必要になってくる。自分に服従することができないのだ。自分に服従できない弱い人間は、他人に服従しなくてはならない。主人は誰であれ服従しない人間は、後ろめたい気持ちを抱き続けねばならない。そしてそのような人間は実際には存在しないと思う。

＊また見えてきた。クライミングに飽きたと感じていたが、また登れそうだ。興味がわいてきた。

＊「神の声を聞いてみたい」と言ってた人がいる。地獄を見てみたいと思っているのもいる。彼らはその望みがかなえられた時、必ず後悔するだろう。極限状況は自分が生きていることをうらめしく思わせる。生存することが精一杯どころか死を望むようになるはずだ。でも……、それでもやはり見てみたい、地獄を。

（編者による再構成）

解説　生と死の臨界点

人はなぜ山に登るのか——。

それは、いにしえより山を登る人たちに突きつけられてきた大命題である。生涯を賭《か》けてエベレストに挑み続けたイギリスの登山家ジョージ・マロリーは「そこに山があるから」と言って、記者たちの質問をかわしたというが、おそらくは彼自身も自らのなかに明確な答えを持ち得ていなかったのだろう。危険と背中合わせのクライミングに魅せられた者たちにとって、命と引き換えに得られるものが一体何なのか、誰もが納得する言葉で示した者はいない。

だが、それでも人は山に登り、時に命を落とす。

クライマー中嶋正宏は、一九八七年十二月七日、八ヶ岳大同心雲稜ルートを単独《ソロ》で登攀中、墜落死した。誕生日の翌日、二十五歳になったばかりのことだった。

高校一年のとき、父親に連れられていった穂高岳で山の魅力に目覚め、日本大学に入学後は三島キャンパスにある山岳部三桜会に入部。大学三年になると先鋭的なクライマー集団「登攀クラブ蒼氷《そうひょう》」に入会した。そこでメキメキと力をつけると、厳冬の穂高岳での継続登攀、屛風岩《びょうぶいわ》2ルンゼの単独登攀といった国内での活躍にとどまらず、海外でもアルプスのモンブラン・デュ・タキュルやノルウェーのトロール壁、ヨセミテのエル・キャピタンなどで数々の実績を積み、若い世代を代表するクライマーに成長していった。

その中嶋が亡くなって一年、遺稿集『完結された青春』が、一九八九年、山と溪谷社から出版された。一九八四年から八七年までの四年間に中嶋自身が書き溜《た》めた言葉を、彼の遺品ノートから丹念に拾い上げ、そこにクライマーでもある父・正一の回想と山仲間たちの証言が添えられている。クライミングに特化した、さらに言えば仲間内の追悼記ともとれる内容は、おおよそ一般向きとは言い難い。事実、「MY BOOKS」という書店流通も可能な自費出版の本として上梓《じょうし》された。だが、今でもこの本を求める人が絶えないという。おそらくは心情を深く掘り下げていく中嶋の言葉の数々が読者の共感を呼びおこし、静かな人気を呼んでいるのだろう。古書店でも手に入りづらい希少本として高価格がついているという。

人々を惹《ひ》きつけてやまないものとは、中嶋自身が絞り出した言葉の数々にある。

「何のためらいもなく行動したい。／自分の能力を最大限に引き出すために。ためらいがあるということは集中力に欠けるということだ。／自分を知って、自分を信じて、何故に？　などとは考えずに、ただひたすらに登ってみたい。何のためらいもなく動いてみたい」

当時の中嶋は生活のほぼすべてをクライミングに費やし、その成果を自己の内面に向かって鋭く問いかけ続けた。なぜクライミングに熱中しようとするのか、高みを目指す行為はどこからくるのか、最終目標をどこに設定すればよいのか——。すべてがクライミングから発し、段階を追って行為の意味を極めようとする。その姿勢はまったく妥協を許さないかのようだ。時には難解な表現になることもあるが、言語化するのに労を惜しまず、言葉をひとつひとつ絞り出し積み上げてゆく。おそらく中嶋ほど、クライミングという行為を考え続け、自己の内面に向き合って文章化しようとしたクライマーはいないかもしれない。

中嶋は「権力意志」という言葉をしばしば用いたが、言うまでもなく原典はニーチェにある。「正・反・合」の弁証法に自らのクライミングを言語化、理論化する術《すべ》を見出《みいだ》そうとしたのだろう。「なぜ登るのか」「登ると死ぬかもしれない」「登って何を得られるのか」というさまざまな「正」と「反」を繰り返しつつ、究極の「合＝止揚（アウフヘーベン）」に迫ろうと試みる。「権力意志」は「自己実現欲」とほぼ同義だというが、彼にとっての自己とは何か、実現すべきものは何だったのか。

思考は内面に向かうと同時に、クライミングという行為は強く外にも向かう。中嶋のクライミングの強さや自信は、まさにこの「権力意志」から来ていると思われる。特に雪山や岩壁と対峙《たいじ》したときに、その大きさに圧倒されることなく、時にはねかえして登る強さが必要になる。彼の文章に、自己の内面を鼓舞する表現が多く出てくるのも、その表われであろうか。いずれにしても「権力意志」の対立軸が「安全衝動」であるというから、その「権力意志」は強く外へ向かうものであった。

中嶋はクライミングを語るとき、絶えずソロを意識していた。

一九八五年夏、ヨーロッパ・アルプスでクライミングした際、彼のノートは「ソロ」に関する考察で一項を占められていた。通常、クライミングは実力の見合ったパートナーと二人一組で行なうのが定石だ。その上で、いくつもの「安全装置」を施して、墜落の危険に備えようとする。ロープはもちろん、複雑なクライミング・ギアによって、安全性を高めたうえで行動を起こす。

しかし、ソロは違う。「安全装置」を必要最低限のものに絞り、たった一人で岩壁と対峙する。信じられるのは自己の力のみで、すべての動作に全神経を集中させ、その行為に全責任を負う。アルプスでの登攀がそうだったように、数百メートル、時には一〇〇〇メートルにも及ぶ大岩壁《ビッグ・ウォール》でのクライミングは、わずかな気の迷い、動きのミスがクライマーに確実な死をもたらす。ビッグウォールで生き残るには、常に完《かん》璧《ぺき》な行動が必要であり、そのためには肉体と精神を最高のレベルにまで押し上げていかなければならないのだ。

「完璧に行動してさえいれば、落ちない、安全だと感じるのだ」

「力の充実、生存、死。この三つの形態は隣どうし。／いくら力が充実していても、いや、充実しているからこそ、死は身近になる。（中略）死のそばまで寄ってみると、自分の生を実感できる。死のそばまで寄るほど、自分は強いのだと力の充実を感じる」

そう自らに言い聞かせていた中嶋は、ソロを語るとき常に死を意識していた。だからクライマーは、その死の恐怖にも打ち勝たなくてはならない。極限の生を求めるために自らを追い込み、その結果として近づいてくる死。死に近づけば近づくほど、より激しい生が立ち上がってくる。

そこはすでに生と死の境かもしれないが、さらに「権力意志」によって生の世界を獲得できると信じていた。ヒマラヤなど高峰での「死」は、雪崩や嵐《あらし》などの偶発性に左右されることが多いが、一方、ソロ・クライミングにおける「死」は克服できるものと考えていたのだろう。そしてそれを超克できたものだけに許される特権——あふれるほどの喜び、自己実現という豊穣《ほうじょう》の果実、そして至福の瞬間であったかもしれない。

中嶋が志向していたソロへの挑戦も、高さへの憧《あこが》れも、すべては困難を超克することにあったのではないか。アルピニズムへの志向とパイオニアワークへの渇望、そしてその結果、獲得できた「至福の世界」。頭のなかに大音響とともに鳴り響く「喜びの賛歌」。

だから中嶋はクライミングに生涯を賭けることができたのだと思う。「人はなぜ山に登るのか」という大命題に、ほんの少し明快な回答を実感しながら……。

こうした中嶋の考えは、当時もっとも先鋭的なアルパイン・クライミングの集団である「登攀クラブ蒼氷」に所属していたことが大きい。蒼氷は、戦後登山史に名を刻む社会人山岳会「東京雲稜会」から一九七七年に独立した先鋭的な若手のクライマー集団で、より激しい冬の岩壁や氷壁を目指していた。その仲間たちから多くの刺激や示唆《しさ》を受けたにちがいない。彼らとの意思疎通《そつう》が、また中嶋の考えを発展・深化させたであろうことは想像にかたくない。しかし、そうした仲間たちの何人もが、「至福の世界」に触れながら、冬のアルプスやヒマラヤの高峰に逝《い》ってしまった。彼らもまた実際の死と紙一重の世界でクライミングを続けていたからだ。

彼らが活躍した一九八〇年代についても、ふれておきたい。一九七〇年代の高度経済成長が一定の成果のもとに終焉《しゅうえん》し、安定した多様性の時代に移行しつつあった。「バブル」に浮かれる直前であり、インターネットが爆発的に普及するにはまだ時間が必要で、世相にも落ち着きが見られ、かつ経済的にも時間的にも「ゆとり」のある時代だった。まだ社会全体でそうした認識を共有できる余裕があった。だから中嶋は、言葉と論理を駆使しながら自己の内面に向き合えたのだと思う。彼が亡くなったあとの九〇年代は、すべての時間が加速され、些末《さまつ》で膨大な量の情報であふれかえり、あらゆるものが軽くなりはじめていた。

中嶋には、クライミングに特化していながら、問題と正面から対峙し、思考を深め、言語化しようと試みる「真面目《まじめ》さ」「一途《いちず》さ」があった。限界まで自己の内面を見つめようとする真摯《しんし》な姿勢、生きることの意味を問い続けた感性の鋭さがあふれていた。刺激的な言葉を並べ、まさに「権力意志」のもと、「止揚」を繰り返し、高みへ登ることを至上命題とした彼の姿勢が、時を超えて私たちの共感を呼ぶのであろう。

事故死とはいえ自らの死をもって二五年という短い「生の物語」を完結させたことが、ある種のカリスマ性と謎《なぞ》に満ちた余韻を残すことになった。かなりアグレッシブな考え方、生き方をしてきた中嶋の、まさにそれが「完結された青春」そのものだったと思えるのである。

生還

ギャチュン・カン北壁

山野井泰史

山野井泰史（やまのいやすし・一九六五〜）
東京生まれ。登山家。一五歳で社会人山岳会「日本登攀クラブ」に入会。高校卒業後は米ヨセミテに向かい最先端のクライミングを経験。その後、パタゴニア、ヒマラヤ等の大岩壁で単独登攀を次々に成功させる。二〇〇〇年にはＫ２南南東リブを単独初登攀。文科省スポーツ功労賞、植村直己冒険賞、ピオレドール生涯功労賞他、受賞多数。

五日（編注：二〇〇二年十月）午後二時には、五九〇〇メートルの台地にテントを張った。取付まで三十分で行けるだろう。明日からの闘いに備え、太陽のエネルギーをいっぱいに体に浴び、お茶を何リットルも飲む。最初にアイゼンとプラスチック・ブーツが合うか、もう一度点検した。その後もいろいろな装備を次から次へと点検していった。夕方になると太陽の光が弱まり、スーカンリやゴジュンバ・カンなど西の山々に、クラゲが海を泳ぐように雲が広がった。少しだけ不吉な感じがしたが、二日ほど前から夕暮れになると雲が発生し、またそれは三時間ほどで消えることを知っていた。ただ気になるのは、天候の目安になる気圧計の針が、いつもよりはっきり下がり始めたことだった。

六日午前二時三十分。慌《あわただ》しく食事をする。この場所にはテントのフライ、わずかな食料、ストック二本を残す。三時三十分出発。暗闇《くらやみ》のなか、いきなりラッセル。北壁にはなかなか近づけない。体は暖かくじわりと汗をかいているが、なぜか右足が冷える。こんなこと、今までになかったが、そのうち暖まるだろう。

闇のなか、いきなり傾斜が強まり北壁が始まった。左に大きくベルクシュルント（編注：氷河と岩壁の間にできた亀裂）が口を開けている。僕達はロープを結び合わず、六十度の雪壁を登り続けた。

「妙子（編注：山野井妙子、泰史の妻）、左にルートを取るなよ。上にセラック（編注：氷河上にできた氷のブロック、氷塔）がある」

「どこを通るの？」

「右のリッジ。岩に接近しよう」

思っていたより雪壁は傾斜があり、また硬い。登ることさえ難しい雪壁は、下山時、足元が見えにくいうえ、バランスもとりにくくなる。登り以上に苦労することが予想された。

六七〇〇メートル、ルンゼを終わるころ、ギャチュン・カン北壁に陽が当たり、延々と続く急斜面とオーバーハングを含んだロックバンドが一瞬、黄金色に輝いた。今日も晴天だ。理想的なスピードで登る快適なヒマラヤのアルパイン・スタイル。妙子がトップで一カ所難しい氷を越し、スロベニア・ルートから分かれ、左へ左へトラバースする。上部のオーバーハングした岩壁帯を直登することは手持ちのピトンの数では考えられないが、とても気になるラインだ。下降のときに使えるかも……。今思えば、そんなことを思っていた。ハング帯の左端を目指し、不安定きわまりない雪を交替でラッセルしながら登っていく。

昼を過ぎ、北壁の登攀ルートでもっとも客観的にみて危険性が高いと感じていたセラック下での登攀。短時間で通過したいのはやまやまだったが難しすぎた。

「妙子、ロープ出すか」

「要らない」

「本当にいいのか」

「いいよ」

アイゼンの置き場所に困るほど岩はぐずぐずで割れやすく、ひとつ足場が崩れればギャチュン・カン氷河まで一〇〇〇メートル墜落するのは目に見えている。

いつ崩れてもおかしくない何十トンもの氷の塊、セラックから、小さな氷のかけらが猛スピードでバウンドしながら落ちる。

「急げ、急げ！」

心の中で叫ぶが、ここは六九〇〇メートル。激しい呼吸のなか、そんなに思うように体は動いてくれない。妙子が遅れ始めているが、ここで待つわけにもいかない。ただ安全地帯へ、それだけだった。もっとも危険な箇所は脱出したものの、登っても登ってもミックス地帯は続いた。

連続十六時間の行動後、午後六時、標高七〇〇〇メートル地点に着いた。一時間かけ、奥行き五〇センチ足らずのテラスの上にテントポールを無理矢理曲げ、テントを設営した。ひと仕事を終えるころ、ふたたび上空に雲が発生していることに気がついた。それも昨日よりも一段と広がり、ギャチュン・カン上部をすべて覆《おお》い、厚みも増している。確実に悪くなっているとはいえ、登攀を諦《あきら》めるほどではなく、むしろギャチュン・カン氷河の大きなうねりと高度感を楽しんでいたかもしれない。

睡眠中、墜落するかもしれないので、露岩と体をロープで結んでいるうえ、狭いテントの中では折り重なるような体勢だったので、感覚の戻らなかった右足の靴を脱いでマッサージすることはできなかった。

この時点では二人とも食欲があり、登攀中の食事としてはいろいろなものを食べられた。ちなみに今回の食料は、アルファ米一袋、やきそば二袋、乾燥汁粉二袋、ビスケット一〇〇グラム、アミノ酸とブドウ糖のタブレット三十個、コーヒー、紅茶、ミルク、スープ、ココアなどの飲み物。これらの食料はすべて合わせても一キログラムにもならないが、それでも四日過ごせるはずである。妙子は、過去の経験から高所ではあまり食欲がないことも計算して出した量だ。

翌日も高度感のある切り立った氷雪壁を登る。昨日よりもはっきり雲の量が増え、頂上稜線はときどきしか現われなくなった。僕達は言葉を交わさなくともトップを交替し、登りつづけた。粘りの少ない砂を思わせる雪。その下一〇センチには手がかりの少ないスラブばかりで緊張の連続。登攀速度はますます上がらなかった。今朝、暗いうちに七〇〇〇メートルを出発したのは、今日中に登頂し、七五〇〇メートルまで戻ってビバークできるのではないかと思ったからだ。しかし、十二時間登りつづけ、わずか高度差五〇〇メートルしか稼げなかった。

標高七五〇〇メートルに到着したときは緊張の連続で疲れ果てていたが、ここは登攀中、唯一《ゆいいつ》、両手を放しても立っていられる三十度の斜面だった。ガスが次から次へと押し寄せ、僕達を取り込み始めていたが、明日の登頂への希望はまったく捨てていなかった。テントを張り、体を横たえるころ、ついに小雪が降り出した。

恐る恐るアウターシューズを脱ぎ、次にインナーシューズを脱ごうとするが、凍りついていて脱げなかった。なんと靴下までもバリバリに凍りついている。ゆっくり靴下を脱ぐと、足先は無惨《むざん》にも紫色に変色していた。それでも、まだ切り落とすほど悪い凍傷ではない。それに高度差五〇〇メートルで頂上だ。

「明日、何時に出発する？」

「四時には出発しよう。遅くとも昼には頂上に着ける。うまくすればテントをたたんで七二〇〇メートルまで下れる」

小雪はいつの間にかテントをたたくほど強くなり、西風も吹き出した。

八日午前四時には出発準備を終えていたが、外はほとんど視界がないうえ、吹雪だった。焦るな。明るくなったら出かけられる。妙子は高所の影響でまったく食欲がなく、表情も疲れが見えたが、頂を諦めたようではなかった。

四時間後の午前八時、頂上アタック開始。二〇メートル先も見えないが、方角はわかっている。傾斜がないだけラッセルが苦しく、五〇センチ以上潜る。トップを続ける僕に妙子はまったくついてこられず、どんどん離れていく。西風は強くなる一方で、国境の右稜線を辿《たど》ったスロベニア・ルートを諦め、七十度近い壁を直登する。荷物をほとんどテントに残してきたので、体は昨日よりは軽い。午前九時、妙子は頂を諦めた。

「私、下りるよ。調子悪いから」

「わかった。頂上を往復してくる」

彼女がカメラを持っているのに気がついたが、一〇〇メートルも下降して取りにいく気力はなく、そのまま登りつづけた。

気温はマイナス三十度にはなっていただろう。右足はまったく感覚はないが、頂への情熱はもはや抑えきれず、むしろ高みに上がるにつれ、今、登攀に人生を賭《か》けている喜びでいっぱいになった。

一〇〇メートル頭上には、頂上スカイラインと思われる場所からもうもうと雪煙が飛び、上空は雲の塊が次から次へと流れ、時折、真っ青な空も見せた。スカイラインのリッジに接近すると、残念ながらさらに向こうには驚くほど長い斜面が続いていた。技術的に難しいものではないが、呆然《ぼうぜん》とするくらい長い。太陽光は頂上の一角の岩をとらえている。強風のなか、新雪を踏みしめて突き進む。この瞬間を僕はいつも求めている。ここが僕の人生でもっとも相応《ふさわ》しい場所なのだ。最後は体をひきずり、よろめきながら着いた。

二〇〇二年十月八日午後一時三十分。広大な雪原にある頂点に立ち上がった。特別感動的なことは何もなかった。ただ呆然と立ちつくし、西から押し寄せる雲を仰ぎ、氷河上にあるだろうベースキャンプの方角を見た。眼下に広がる雪が降り積もり、真っ白に変化した氷河までの距離がとても長く感じられ、楽に到達できそうには思えない。今回は無理をしすぎてしまったのでは……。何となく、これから試練が待っている気がしてならない。生きて帰れるのか――。

さあ、下山だ。長居は禁物だ。一分ほどで下降を開始。スロベニア・ルートを後ろ向きで一歩一歩、下山する。最初は順調に下降していたが、後半は激しい疲労感に襲われ、ホワイトアウトのなかトレースは発見できず、感覚だけを頼りにテントを目指すが、三歩歩いては座り込む。右足の感覚がなかったせいか、あるいは今日は体調が悪かったのか――。K2登頂後にも味わわなかった脱力感。テントのある方向へ大声で叫ぶが、届かないようだ。一瞬、下の方が一面、青空に変わった。しめた、このチャンスを逃せない。スピードを上げる。

しかし、それは青空ではなく、大きく開いたクレバスだった。一年中さまよっているのではないかと思えるくらい辛《つら》い道のりだった。長年、使い続けたかわいらしい黄色のマジックマウンテンのテントを発見した。ギャチュン・カン脱出への第一歩は成功したようだ。しかし、雪はますます激しく降り、風も強さを増してきていた。数歩歩いては立ち止まり、へたり込む。

午後三時、七五〇〇メートルのテントに帰ることに成功した。精も根も尽き果て、呻《うめ》きながらテントの中に入った。妙子に靴を脱がせてもらい、マッサージしてもらう。

ますます右足は悪化していた。

＊

翌九日、視界は一〇メートル。ここにいるわけにはいかない。七五〇〇メートルに何日も滞在できないのはもちろんのこと、ここに留まっていてもますます雪の状態は悪化し、下降できなくなる可能性がある。下りる以外に選択の余地はないのだ。昨夜以上に凍傷が悪化した右足が痛み、キックステップができない僕に代わって、どこにこんな力が残っていたのかと思うほど、妙子が雪を固めながらトップで下り続ける。トラバース、そしてトラバース。遠くで雪崩の発生している音が聞こえる。ギャチュン・カン北壁は雪崩の巣に変わり始めていた。

十二時間、連続して下降したものの、この日、標高差三〇〇メートルしか下りられなかった。そんななかでももっとも安全と思われるロックバンド直下でビバークすることにする。妙子は懸命にテラスを作ろうとピッケルで七十度の斜面を削るが、すぐに岩が出てきてしまう。僕はビレーができるようにチタンのロックピトンをロックバンドに打ち込もうとするが、どれもあまり信用できるものではなかった。手持ちの六本すべてを打ち込んだ。

結局、一時間悪戦苦闘したものの、外傾した一〇センチ足らずのテラスに、二人ともお尻《しり》の半分をひっかけるようにして座るしかなかった。テントを頭の上から被《かぶ》ると、多少、風よけになる。もちろんアイゼンは外せないし、靴も履いたままだった。顔の皮膚が痛いほど気温はぐんぐん下がり、雪は山全体をたたきつづけた。こんな悲惨なビバークは日本の岩壁でも経験がない。ましてここはヒマラヤ七二〇〇メートル。この日、気温はマイナス四十度近くまで下がっていたと思う。

先ほどから近くで「ゴォーッ」という雪崩の音が頻繁に聞こえる。懸垂氷河から雪崩が発生しているのだ。

脱水状態で血液がかなり濃くなっているにもかかわらず、胸で懸命にかかえたコンロで紅茶を作ったが、一人一〇〇ミリリットルくらいしか飲めなかった。

その時だ。突然、すぐ上を大型トラックが通過するかのような音が聞こえた。来た、ついに来た――。

「耐えてみせる。絶対に死なないぞ」
五、六秒後、雪崩が襲ってきた。マナスルでの経験と同じような衝撃。雪の塊が頭を打ちつけ、首の骨が折れそうだ。雪の圧力でテラスから落ちる。ビレーを取っていなかったら確実に下まで落ちていただろう。その間十秒。気がついたときは、二人とも全身雪まみれになっていた。

「妙子、大丈夫か？　俺はもう一度、ロックピトンを確認してくる」

「ここも安全じゃなかったみたいね」

数分後には二度目の雪崩。

「来たぞ。体を壁に押しつけろ！」

体を丸めると、まともに雪の圧力を受けてしまうのだ。

先ほどよりさらにすさまじい衝撃。防空壕《ごう》に逃げ込んだ兵士を襲うように雪崩が二人に襲いかかる。本当に一晩中、ここで耐えられるのか。生きて帰るのは生やさしいものではないかもしれないと、どこかで冷静に考えていた。

「妙子、あまりピトンに体重をかけるなよ」

「無理よ、テラスが小さすぎるよ。それより、これ以上大きな雪崩が来ないといいけれど……」

「もしもこれ以上の大きなのが来たら、ピトンは耐えられないよ。地形を考えれば、頻繁に落ちてくれさえすれば巨大な雪崩は発生しないかもしれない」

二人の状況はあまりにも惨《みじ》めだったが、ここで耐えるしかなかった。その晩、その後、何度も雪崩の衝撃に耐え続けた。

十日午前六時、固まった体を無理矢理動かし、雪を払いのける。残念ながら、小雪はまだ降り続いていた。このままロープを使ってまっすぐハングを下りよう。そうだ、初日に登ってきたセラック下は雪崩の巣だ。僕が先に五〇メートルいっぱい下りて、ピトンを打ってビレー点を作ったら、妙子を迎え入れる。

一時間後、下降を開始。うまくすれば今日中に氷河に下り立てるのではないかと期待しているものの、体の動きは疲労のためかぎこちなかった。一ピッチ、一ピッチ、ゆっくり下降する。しかし、数多いビッグウォール・クライミングの経験から、ロックピトンを打つ自信は持っていたものの、この北壁はピトンの打てるクラックが乏しいスラブばかりだ。たとえクラックが発見できてもとても脆《もろ》く、数メートル四方の雪を払いのけてもまともなクラックが見つからないこともあった。

まっすぐ下降を続けた。

「泰史、見て。すごいよ」

「すごいな、きれいだな」

「あれを食らったら助からないね」

初日に登ってきたミックス帯を滝のように雪崩が落ちていく。内心、自分たちが選んだ下降ルートに間違いがなかったことにホッとし、自然が創作する迫力のある光景に感動していた。時間はあっという間に過ぎていく。

七ピッチ目、夕暮れが迫った。妙子はすぐ近くまで下りてきた。靴底が頭上に接近していたのを覚えている。そろそろ次の下降ポイントを探さなければと考えていると き、雪崩が二人をまともに襲った。体全体に雪の塊が当たる。何秒も続くにぶい衝撃と水分を含んだ雪が通過する音。ビレー点ごと飛ばされるのでは……。ロープはものすごい勢いでグローブの中を抜けていく。

「妙子、止めるぞ！　止めるぞ！」

何度も叫んでいた。

数秒後、僕は生きていた。雪崩が収まって、逆さになっていた体勢を立て直し、ロープをあわてて引いてみるがまったく動かない。

「妙子！」

大声をあげるが、何も返事がない。死んでぶら下がっているのを想像し、混乱した。何度も何度も、力まかせにロープを引いた。

僕はそのとき、どうしたらいいんだ、本当に死んでしまったのかと思いながら、まったく見えない彼女の意識が戻ってくれることを願いながらロープを引き続けた。混乱した頭の中で、あらゆる事が次から次へと浮かぶ。意識を失っている可能性は……、死んでいる可能性は……、いつまでロープを引くか……、いつ諦めてロープを切るか……、妙子の元に下りていく方法は……、すべてを瞬時に計算するが、どれも答えが出ない。その時だ。ふっとロープの重みがなくなった。切れてしまったのか……。いや、切れてはいない。祈るような気持ちで必死にロープを引き寄せると、白い芯《しん》が剥《む》き出しになった切れかかったロープ、その末端には8の字結びがそのまま上がってきた。

妙子が自分でカラビナを外したんだ。生きて下で待っている。すぐにロープを固定し、シングルで懸垂下降をしていくが、切れかかったロープでこれ以上進めず、またオーバーハングの下にいると思われる彼女の体も見えなかった。

「大丈夫か?」

「大丈夫」

妙子の声を初めて聞き、生きていることを再確認した。

「そこは安定しているのか」

「下は、まだ岩壁が続いている」

「一時間待っていろ。登り返してからそこに行く」

冷静にいこう。支点に向かって登り返していくとき、ふたたび雪崩が襲ってきた。ロープをエイトカンに通していたので落ちずにすんだものの、ゴーグルは飛ばされたうえ、首から入った雪が胸や背中までパンパンに詰まってしまった。そして、ビレー点にはい上がったときは、真っ暗になっていた。ヘッドランプだ。ヘッドランプを今のうちに出さなければ。悲しいことにスイッチを入れても点《つ》かない。スノーシャワーを浴びながら震える手で電池を入れ替えようとするが、うまくいかない。冷静にいけ。予備電池を落としたらおしまいだ。ヘッドランプに柔らかい光が灯ったとき、周りは吹雪に変わり、改めて自分がとても急な岩壁にいることに気がついた。闇のなか、スノーシャワーを浴びながらも集中力は増した。淡々と作業をこなす。

ロープをダブルにすると、切れかかった部分が邪魔をして一度に一五メートルしか下りられない。三回か四回、懸垂下降しなければ、妙子に合流できないことになる。次の支点を作ろうとしていたとき、眼球が凍ったのか、ぼんやりとしか目が見えないことに気がついた。次第に幕がかかったように視力は失われて、岩に一〇センチ近く顔を近づけてもかすかにしか見えず、自分に何が起こっているのかわからなかった。岩も重要なクラックも見えない。時間はそんなに残されていないようだ。早く下りてやらなければ……。無意識のうちに両手のグローブを脱ぎ、素手になり、かぶった雪を払いのけ、指の感覚だけで必死にクラックを探した。すぐに小指のほうから感覚は失われた。しかし、止めるわけにはいかず、ときどき指を口に含み、温め直しながら作業を続けた。

いくらピトンを打っても、岩に跳ね返される。もっと慎重にクラックのサイズを見極めなければ。スノーシャワーは激しくなる一方だった。ピトンが確実に決まったと思い、全体重でショックをかけてみると、時にはあっけなく抜けてしまうこともあった。多分、ひとつの下降地点を作るのに一時間以上かかっていたと思う。やっとできあがった支点を頼りに一五メートル懸垂下降すると、また次の支点作り。小指、薬指の感覚は、いくら口に含み、また噛《か》んでも戻らなくなった。ふたたび素手になり、今度は中指で岩を探る。ロックピトンに限りがあるので、アイスピトンの先端をアイスバイルでつぶし、クラックに叩《たた》き込む。すべての指の感覚がなくなる前に、目がまったく見えなくなる前にと、暗闇のなか、集中力が発狂すれすれの自分を抑えている。長い経験が、ピトンを打ち込みながら、感覚を失い始めている指で方向を確かめ、打ち込まれる音を聞き分けていた。時にはロープの回収を考え、カラビナを残した。四度目の懸垂下降に移るとき、ほとんど目は見えなくなっていたが、下にいる妙子のへッドランプの光がぼんやりと確認できた。

妙子に合流したときは、登り返してから四時間以上経過し、日付は変わっていただろう。手のひらを目の前、五センチにもってきてもまったく見えず、すでに体中のエネルギーを使い果たしたかのように下半身に力がなくなり、壁にへばりつけない。心臓が止まりそうだ。

「妙子、背中を叩いてくれ。死にそうだ。苦しい。叩いてくれ」

そう訴えながら、ロープにぶら下がり体をガタガタ震わせていたが、二人が何をしなければならないのかはわかっていた。

「もう目が見えないんだ」

「私もさっきから見えにくくなっているの」

どうして妙子まで目が見えないんだ。

「ここはどんな所だ？」

「岩壁の真ん中よ。あと一ピッチ下りれば、雪のテラスに着けると思うけど」

「妙子、下降支点作れるか」

「やってみる」

一時間近くクラックにピトンを叩き込むが、岩が脆すぎてどれもきかない。

「全然ダメ」

「ここでビバークして明日になってから下りよう」

「テラスは作れないよ」

「今、どんな体勢にいるんだ？」

僕が指示しなければ、妙子にはビバークの態勢も作れない。

「小さな氷にぶらさがっている」

「それじゃ、アイスピトンにロープを二重に通し、ブランコを作れ」

凍傷になった手で、苦労しながら妙子は一人、作業をしつづけた。両足をぶら下げながらロープに座るころ、妙子も目が見えなくなった。

ものの数分で腰から下は完全にしびれ始め、そのうち感覚を失った。寝袋にも入れず、ヒマラヤの寒気は体を凍りつかせた。足の指を切るかもしれない。手の指も切るかもしれない。それでも明日には平らな氷河に戻れる。それだけが希望だった。

ぶら下がって一時間あまり、喉《のど》の渇きを覚える。よく考えてみると、昨晩から一杯ほどのお茶を飲んで以来、まったく飲まず食わずで休まず下降を続け、今、七〇〇〇メートルの高所の壁にぶら下がっている。とても危険な脱水状態にあるはずだ。このままでは明日、動けなくなる。

「妙子、水作ろう」

「無理よ。この体勢では」

「無理でもやってみよう」

垂壁のなか、一度、ガスコンロに火を点けることを試みたが、二人とも凍傷になった指と見えない目ではまともに作業ができず、誤ってライターを落としてしまった。今夜は一杯のお茶を飲むことすらできない。さらに二人ともほとんど目が見えない。ぎりぎりに追い込まれ、そのうえ希望を繋《つな》ぎ止めてくれるものさえない。もう予備マッチを落とすことは許されないし、凍った指でザックの底から探す気力もない。岩に張りついた氷のかけらを口に含み、わずかに喉の渇きを癒《いや》した。ベースキャンプにある暖かなシュラフと食べ物を思いながら、徐々に思考能力の低下とともに二人とも二時間ほど意識が薄れた。

＊

十一日、また生きて朝を迎えられた。妙子はあいかわらずほとんど見えないが、僕はかすかに左目が回復した。が、足の感覚はまったくなかった。すごい光景だ。こんな壁に二人ともぶら下がっていたのか。二人が置かれていた状況があまりにも異常だったため、他人事のように感じてしまう。現実を受け止めるにはあまりにも厳しい状況だった。

今日こそ安全で平らな場所で寝られる。まだ使える親指と人差し指で、一人淡々と懸垂下降の準備をしたが、芯《しん》まで固まった体では動作はぎこちなく、ゆっくりだった。ミスを犯すな。昨日と同様、短い間隔で三回の懸垂下降をした後、初日、登ってきた雪壁に下り立った。そのとき、太陽が久しぶりにこの北壁に当たり、ほんのつかの間、僕達二人にエネルギーと希望を与えてくれたが、ほっとする間もなく、また急速に雲が広がり、雪を降らせ始めた。

六十度近い雪壁は前向きでは下りられず、一歩一歩、両手のピッケルとアイスバイルでバランスをとりながら下り続けた。ホワイトアウトのなかでは斜面と空間の境がはっきりせず、何度もバランスを失いかけた。アイゼンに付いた雪の塊を落としては、傾斜を確認し、下降しつづける。なんてのろいんだ。時間はあまりにも早く過ぎていく。ギャチュン・カンは、そんな二人に無関心のように静まりかえり、次に試練をしかける準備をしている。早く退却しなければ、今度こそ生きて帰れない。はっきりと記憶に残っていた六七〇〇メートルの難しいミックス帯では、ぎりぎり妙子を接近させ、足の置き場を指示し、下降しつづけた。そこを通過するころには、早くも午後になっていたと思う。ギャチュン・カン氷河まで標高差七〇〇メートルのルンゼに入り込むと、脱力感はあるものの、酸素が濃くなったせいもあり、少しテンポがよくなりスピードが上がった。

（編者による抜粋）

解説　非常と日常のはざま

最近、山野井泰史の朗報に続けて接する機会があった。「登山界のアカデミー賞」と言われる「黄金のピッケル（ピオレドール）賞」の生涯功労賞に選ばれ、『人生クライマー――山野井泰史と垂直の世界』という映画が上映されたのだ。山野井自身にとっては面映ゆいだろうが、これまでの実績が認められたことを物語っている。アルパインクライミングというごく狭い分野の、ヒマラヤの高峰というもっとも尖《とが》った世界で、長年にわたって結果を残してきた数少ない登山家の一人となった。ノンフィクション作家の沢木耕太郎が『凍』（新潮社、二〇〇五年）という作品で、生死の境で揺れ動くクライマーの姿を描写してくれたことも大きかった。その沢木を執筆に駆り立てたのが、ほかでもない山野井自身であり、彼が初めて書いた『垂直の記憶――岩と雪の7章』であった。

この本は、山野井が初めて自らのクライミングを綴《つづ》った半生記である。二〇〇四年四月に山と溪谷社から出版された二五六ページのその書籍は、単行本も文庫本も、ともに何度も版を重ねたロングセラーの本となった。

山野井にとって初めての八〇〇〇メートル峰であるブロードピーク登頂から決死の生還を果たしたギャチュン・カンまでの思いと行動が素直な筆致で綴られ、読者からも高い評価を得た。ブロードピークが二六歳、ギャチュン・カンが三七歳であったから、ほぼ一〇年間にわたる彼の高所クライミングの絶頂期に当たり、その内容も先鋭的なヒマラヤ登山を振り返るものだった。九回の高所登山を七つの章に分けて「岩と雪の7章」という副題をつけ、それぞれの章の間に六つの短いコラムを挟み込んで構成されている。

私が彼に本を書いてみないかと最初に誘ったのは、凍傷治療で名高い墨田区向島にある白鬚橋《しらひげばし》病院の病室に、妻の妙子とともに入院していた山野井を見舞ったときだったと思う。ギャチュン・カンの雪崩からの生還シーンがあまりに壮絶な記録だったこと、それまでの激しい登攀にひと区切りつけるうえでも、半生記をまとめてみないかと声をかけたのだ。入院中で時間に余裕があったことが、文章にまとめるにはちょうどいい機会で、今から思えば絶妙のタイミングだったと思う。

企画が通った段階で、あらためて不安に思ったのは、登攀の内容が過激すぎて読者がついてこられるか、ということだった。しかし、それはまったくの杞憂《きゆう》に終わった。一〇歳のころからいつもクライミングのことばかりを考えていたという山野井の情熱と行動は、これまでの国内での登攀記録をはじめ、バフィン島のトール西壁やパタゴニアのフィッツ・ロイの登攀などクライミング専門誌「岩と雪」ですでに多くのクライマーから認められていた。その一方で日常の生活はあまり知られていない。その隔たりがあまりに大きすぎて、なんとか溝《みぞ》を埋められないかと思っていた。彼の原稿がほぼ出そろったとき、日常の様子を書いてくれないかと頼んでみると即座に同意してくれた。テーマは両親、結婚、生活、仲間、死、夢という六本のエッセイで、各章の間にその小文を挿入してみると、激しい登攀への思いとその一方で対照的な穏やかな暮らしぶりがまったく違和感なく融合していることに気がついた。淡々とした平易な文章からは、ゆったりとした日常の時間が流れていることが伝わってきて、これなら読者により親近感を持ってもらえるものと確信することができた。

さらに特筆すべきことは、制作の段階から前述した沢木耕太郎に関わってもらったことが大きくプラスにはたらいたことである。以前からときどき会って話をしていた沢木に、いつか山野井について書いてもらいたいと思っていた私は、今回の入院をちょうどいい機会だと考えて、山野井の本の最後に沢木による長めの解説を書いてもらえないかと提案してみた。しかし後に、山野井の原稿を読んだ沢木からは、「背筋が通った清潔な本」に付け足しのような解説は入れないほうがいいと辞退されてしまった。そのへんの経緯は二〇一八年に出された沢木の著書『銀河を渡る』（新潮社刊）所収の「白鬚橋から」に詳しい。

〈神長氏には、まだ一冊も自分の著作を持っていない山野井さんに本を出してもらおうというプランがあり、もし私が山野井さんに関心を抱けば、その本の巻末に解説風のエッセイを書いてもらいたいという思惑があったのだ〉

かねてからボクシングと沢木の本のファンでもあったという山野井は、沢木を病院に連れてきたことを喜んでくれた。それから二年半後、まったく新しい出版の企画として、山野井をモデルにした『凍』という沢木の作品が生まれることになるのだが、こうして二冊の本の誕生に立ち会えた私は、予想外の展開に驚きながらも貴重な経験をさせてもらった幸運を素直にうれしく思った。

沢木と山野井の関連で言えば、これも『銀河を渡る』に書かれていることだが、『垂直の記憶』というタイトルにも触れておかなくてはならない。山野井の原稿確認が最終局面を迎え、沢木と一緒に彼らを訪ねたときのことである。私は試案として「単独主義」という表題をなんとなく考えていたのだが、どうにもしっくりこないことは自分でもわかっていた。「主義」はいかにも山野井らしくないと、妙子からも一蹴《いっしゅう》されてしまった。四人であれこうだと意見を交わしていたとき、沢木から「何とかの記憶がいいんじゃないか」と提案された。帰りの車のなかで最終的に「垂直の記憶」に落ち着き、さっそく電話すると、そのタイトルを山野井も喜んでくれた。内容にも合致した、これ以上ない素敵なタイトルになったと思う。こうして、彼らの手を借りながら、山野井の代表作ともいえる幸せな本が出来上がったのである。

山野井の本を編集している過程で強く印象づけられたことがある。当然のことだろうが、彼が第一級の資質に優れた登山家であることを原稿から何度も気づかされたのだ。時代の先端を嗅《か》ぎ分ける能力は、挑む山とルートの選択に表われ、アタック、特にソロで挑むときの集中力は並外れたものがあった。さらに抜群の記憶力と徹底した危機管理も原稿から読みとれた。

手足の指一〇本を失うほど重度の凍傷を負った山野井の原稿は、ある時は新聞広告の裏にメモ書きされ、指がうまく使えない時はテープに吹き込んで送ってきてくれた。それらは、細部にいたるまで鮮明に記憶された「事実の再現」であった。山野井が過去の登攀を恐ろしいほど正確に記憶していたからこそ、あの死と紙一重のギャチュン・カンから生きて帰ることができたし、沢木によって登攀の細部がより鮮明に再現されたことで、『凍』という作品が生まれたと言っても過言ではないだろう。

さらにこうした危機管理能力は、死の影が忍び寄る窮地に陥った際に発揮された。彼は、圧倒的な恐怖感を排除しようとせず、事態を受容し、自らを客体視することによって危機を回避してきた。あたかも第三者の観察者に指示されていたかのように、絶体絶命の状況から生きて帰ってきた。マカルー西壁での落石、マナスルでの雪崩による埋没、ギャチュン・カンでの大量のチリ雪崩――。生への強い執着と死をいたずらに恐れない心の持ちようが、決して誇張することのない彼の文章とかぶさってくる。

こうした山野井の登攀と生還は、日常生活の合わせ鏡のような気がする。山野井と妙子の日常は、慎ましやかな自給自足の生活が根幹にある。大げさな自己主張をきらいマスコミからも一定の距離をおく山野井夫妻は、二人の時間がゆっくり流れていることを感じ、それを重視してきた。奥多摩にしろ、移り住んだ伊東にしろ、二人の日常生活にはまったくと言っていいほど気負いが感じられない。それがそのまま山野井の文章にも表われ、読者の共感を呼ぶのである。

『垂直の記憶』は、生と死の壮絶な物語でありながら、日常の目線のままに描かれた不思議な魅力に満ちた本である。それも、山野井の淡々とした飾らない人がらに負うところが大きいからであろう。

本書は文庫オリジナルのアンソロジーです。

底本一覧

『花の百名山』（文春文庫）「高尾山・フクジュソウ」　田中澄江
『百霊峰巡礼　第一集』（東京新聞出版局）「御嶽山」　立松和平
『黄色いテント』（ヤマケイ文庫）「或る単独行者の独白」　田淵行男
『山のパンセ』（ヤマケイ文庫）「島々谷の夜」　串田孫一
『山頂への道』（平凡社）「スコトン岬」　山口耀久
『深田久彌　その山と文学』（平凡社）「日本百名山」　近藤信行
「深田久弥氏のこと」（日本山岳会会報「山」三二一号）　藤島敏男
『アルプスの蒼い空に（上）』（茗溪堂）「グレポン」　近藤　等
『マッターホルン北壁』（ヤマケイ文庫）「岩と氷と寒気との闘い」　小西政継
「『チョモランマ』見果てぬ夢」（「山と溪谷」一九八九年三月号）　長谷川恒男
『ともに、あの頂へ』（私家版）「Mr.ハクパ・リタ・シェルパ」　加藤慶信
『完結された青春』（山と溪谷社）「遺稿」　中嶋正宏
『垂直の記憶』（ヤマケイ文庫）「生還」　山野井泰史

磯田道史著
殿様の通信簿
水戸の黄門様は酒色に溺れていた？　江戸時代の極秘文書「土芥寇讎記」に描かれた大名たちの生々しい姿を史学界の俊秀が読み解く。

磯部　涼　著
ルポ　川崎
ここは地獄か、夢の叶う街か？　高齢化やヘイト問題など日本の未来の縮図とも言える都市の姿を活写した先鋭的ドキュメンタリー。

小澤征爾著
ボクの音楽武者修行
〝世界のオザワ〟の音楽的出発はスクーターでのヨーロッパ一人旅だった。国際コンクール入賞から名指揮者となるまでの青春の自伝。

岡本太郎著
青春ピカソ
20世紀の巨匠ピカソに、日本を代表する天才岡本太郎が挑む！　その創作の本質について熱い愛を込めてピカソに迫る、戦う芸術論。

岡本太郎著
美の世界旅行
幻の名著、初の文庫化!!　インド、スペイン、メキシコ、韓国……。各国の建築と美術を独自の視点で語り尽くす。太郎全開の全記録。

奥田英朗著
港町食堂
土佐清水、五島列島、礼文、釜山。作家の行く手には、事件と肴と美女が待ち受けていた。笑い、毒舌、しみじみの寄港エッセイ。